Com un batec en un micròfon

Clara Queraltó

Com un batec en un micròfon

EDITORIAL ANAGRAMA
BARCELONA

Il·lustració: Resistance to Order (2021), © Lee Wagstaff

Primera edició: març 2024

Disseny de la col·lecció: Ggómez i Estudio A

Pau Claris, 172
08037 Barcelona

ISBN: 978-84-339-2293-9
Dipòsit legal: B. 1180-2024

Printed in Spain

Romanyà Valls, SA
Verdaguer, 1, 08786 Capellades

El dia 15 de gener de 2024, un jurat compost per Mita Casacuberta, Guillem Gisbert, Imma Monsó, Sergi Pàmies, Jordi Puntí, Isabel Obiols i Silvia Sesé va atorgar el 9è Premi Llibres Anagrama de Novel·la a *Com un batec en un micròfon*, de Clara Queraltó.

Al Marc, pel batec

FEDRA: El sento a través de les parets. El noto. Reconec el batec del seu cor a quilòmetres.

SARAH KANE

Primera part:
Gabriela

24 DE JUNY

No sabia, llavors, que m'impressionaria tant veure un home plorar.

Només n'havia vist algun a les pel·lícules. I el meu avi quan havia mort la meva àvia, feia molts anys. Veure'l a ell, que sempre parlava en el mateix to de veu, plorant d'aquella manera, sanglotant com una criatura amb els ulls serrats i l'aire que no li sortia de la boca, em va fer por. I vaig pensar que darrere la meva àvia es moriria ell. El que no sabia era com m'impressionaria veure un home que plorés per mi, desfet i perdut. De genolls a terra, amb la cara vermella, un gest estrany als llavis i sense poder acabar de pronunciar les paraules. Com si la magnitud d'aquell dolor vingués d'un lloc que jo era incapaç de comprendre.

Llavors encara no ho havia vist. Però tampoc faltava tant. Eren les cinc de la tarda i la calor em feia pensar en ferro rovellat i ardent contra la pell. La ressaca tenia forma de mal de cap en línia recta entre les temples. La boca aspra i el remordiment instal·lat als budells. Per això havia desat el mòbil al fons de la motxilla i la motxilla sota el seient del copilot, com si no veure'l em fes una mica més innocent en el judici de la meva consciència. Dos dits de pols a la guantera, ampolles d'aigua buides per terra i al cendrer una muntanya de burilles que inexplicablement s'aguantava intacta. Conduir és el pitjor que pots fer si vols deixar el cap buit i, sobretot, si hi ha una escena i una boca concretes en les quals no vols pensar. Per això el trajecte se'm feia lent, semblava que travessés el desert del Karakum a vint quilòmetres per hora. Pensava que el millor que havia fet aquell any era treure'm el carnet només fer els divuit i així tenir cotxe a l'estiu. Anava de Barcelona a Belldoc, a l'Empordà, a casa del meu avi, on havia estiuejat tota la vida, gràcies a això havia aconseguit aquella feina d'unes quantes setmanes a la biblioteca. Em pagaven fatal, però l'únic que havia de fer era ordenar quatre llibres i vigilar nens de famílies amb pasta que llegien contes en una sala amb moblets de fusta i coixinets, que ja no eren de coloraines, ara es veu que eren de lli beix. Perquè el color és sucre per als nens i el sucre és verí.

A part, a Belldoc també hi estiuejava la Lena, la meva Leni de cada estiu. A vegades ens hauríem matat. Però ens enyoràvem com unes boges perquè ens agradava fumar porros als vespres al llac i ens passàvem l'any enviant-nos vídeos de gats que s'espanten amb una torradora i de gent que es peta grans. I el meu avi, és clar: el patriarca, el senyor Maurici, l'home que un dia vaig veure plorar. Maniàtic com ell sol, de fer poques preguntes i de comprar pernil una mica més car perquè aquell dia arribava jo de Barcelona i ho havíem de celebrar.

A mig camí vaig haver de parar a omplir el dipòsit perquè feia gairebé una hora que anava amb reserva. Quan em vaig posar dreta em vaig marejar una mica, com si encara tingués l'últim cubata rondant-me per la sang de les cames. Duia l'esquena suada. Des de darrere el vidre, el noi de la benzinera em va repassar de dalt a baix. Em va fer una mica de llàstima, vaig pensar que era una feina avorrida, que t'estaborneix, amb aquella olor tot el dia sota el nas que et deu anar matant per dintre. Va ser per això, per la llàstima, que abans d'entrar a pagar em vaig ajupir a posar-me bé la sivella de la sandàlia. Vaig abaixar el tors i vaig notar que la samarreta, de coll ample, se'm desbocava avall i durant uns segons se'm veien els pits i la panxa. Per a tu, noi, l'alegria de la tarda. Després, a la caixa vaig ser seca amb ell.

–Trenta euros al sis, gràcies. I això també cobra-m'ho.

Quan vaig tornar a pujar al cotxe em vaig mirar al retrovisor: cara de cansada i els granets de la barbeta vermells i grossos. Vaig encendre un piti i em vaig posar a fumar i a menjar-me el KitKat que havia comprat.

A Belldoc, l'avi em va fer fer trenta maniobres per aparcar el cotxe al garatge. Era el seu santuari. Hi cabia de sobres, però el volia en una línia paral·lela perfecta amb la seva furgoneta i exactament el mateix marge a banda i banda.

–Una mica més... Prou!

I amb la mà picava al capó perquè frenés.

–Gabriela, adreça el volant, adreça...

–Avi, va, que està perfecte.

Volia que li demanés si me l'aparcava ell.

–Tira una mica més, una mica més, una mica més... Prou!

I copet amb la mà al maleter.

Ens vam menjar el pernil bo i em va explicar la novetat, una altra casa rural i més forasters pels bars i les botigues. Després em vaig instal·lar a l'habitació. Duia una maleta petita i una motxilla, i tot de roba arrugada a dintre. No vaig desfer res, vaig obrir la finestra i em vaig posar a fumar. Em mirava la motxilla amb la puta culpabilitat enfonsada a sota de tot. Feia hores que no treia el mòbil. El vaig agafar com si m'hi hagués de trobar una sentència a vuit anys de presó. Cinc trucades perdudes i vint-i-set whatsapps. Eren tots de la Joana i la Lídia, les meves millors amigues a Barcelona.

La Joana estava emprenyada i m'insultava. Hi havia missatges esborrats i al final:

«Acabaràs sola perquè ets egoista i perquè no valores res ni t'importa ningú que tens a prop.»

«Te la sua fer mal a la gent que t'estima.»

«Tia, oblida't de mi. No cal que em contestis i no em parlis mai més.»

El dia abans havia sigut la revetlla de Sant Joan i havíem anat a un concert. Vaig passar tota la nit amb el noi que tenia un rotllo amb la Joana. Anàvem beguts i al final em va acompanyar a casa. Vaig llegir els missatges dues vegades, vaig calcular pros i contres. Vaig pensar què li havia de dir i li vaig fer una nota de veu.

–Tia, ho sento. Vaig beure massa i vam estar xerrant molt, però res més. Em va parlar de tu i de vosaltres. Et juro que no va passar res.

Vaig esborrar-la abans d'enviar i vaig tornar a començar.

–Joana, estic fatal. Tia, entenc que estiguis enfadada perquè vam estar xerrant, però tot com a col·legues. Em va parlar de tu, li moles molt. Perdona'm perquè ja sé que sembla el que no era. Et prometo que no va passar res. Acabo d'arribar al poble del meu avi i estic molt ratllada. I entenc perfectament que et sentis així. Però et juro que no passarà mai més.

Vaig pensar que encara podia dir alguna cosa més i vaig fer una segona nota de veu.

–Tia, t'estimo molt, vine'm a veure algun dia i sortim per aquí. Ets la puta millor i jo una puta merda.

Vaig escoltar els àudios i vaig pensar que li costaria una mica però que em perdonaria. A vegades jo tampoc em reconeixia a mi mateixa. Vaig intentar oblidar que havia sigut jo qui l'havia agafat de la mà quan anàvem cap a casa i que en un semàfor vermell, com que ens havíem d'esperar per creuar, li vaig menjar la boca i em vaig refregar amb el seu cos per notar com trempava. Vam estar uns minuts així, beguts i calents contra una persiana de garatge. Quan li vaig dir que anéssim a algun lloc que no ens pogués veure ningú, ell em va demanar, sisplau, sisplau, que parés.

FINALS DE JUNY

El primer matí encara se'm feia estranya l'olor rància de la coixinera, l'olor del cotó que ha estat durant mesos tancat en un calaix de fusta. Després vaig anar al llac a banyar-me. Belldoc no tenia platja, tenia dos llacs. Un de molt gran i un de més petit al costat. L'avi sempre m'explicava que al fons del gran hi havia un tractor de principis del segle passat. I que havien pogut treure'n el conductor, però que el tractor havia quedat per sempre allà enfonsat. Era una llegenda que tothom del poble sabia. Nedava amb el cap dins l'aigua fins a quedar-me gairebé sense aire i quan el treia hi veia borrós. Ja no tenia ressaca i el remordiment s'havia convertit en una boleta minúscula que encara notava a l'intestí però que acabaria expulsant de seguida, el malestar de tot un dia convertit en un residu que desapareixeria quan estirés la cadena.

Era l'únic dia que tenia lliure perquè l'endemà començava a la biblioteca, per això me'l vaig passar dormitant al sol. Em mirava el melic ple d'aigua i intentava pensar quantes neurones devia haver perdut les nits d'aquell any. Ja sabia que no perds neurones per molt que et droguis i surtis de festa. Però me les imaginava en fila índia morint i caient pel forat del nas, invisibles dins una gota de suor. Amb una mica de sort queien al cubata i me les bevia i passaven de l'estómac un altre cop al cervell. Les meves neurones. Sempre estava avorrida, asseguda al costat de l'alumne més retardat, fent la part difícil dels treballs en grup, aixecant la mà i contestant les preguntes dels professors en veu alta. M'havia passat anys avorrida, esperant el moment que no m'avorriria perquè tot deixaria de ser d'una obvietat letàrgica. I en aquell moment em semblava que gairebé ho tenia, perquè al setembre començaria la universitat i estudiaria cinema. Era el premi que em mereixia per haver aguantat aquell camí d'aules amb pudor de peus. Ara ja ho tenia i podria passar les hores mirant pel·lícules japoneses i a casa no em dirien que era una gandula que no fotia brot.

Sabia a quines hores havia d'anar al llac per no trobar-m'hi tot el poble barallant-se per un tros de terra sense pedres on plantar la tovallola. Hi vaig anar a les deu, de seguida que em vaig llevar, i vaig deixar una nota a l'avi, que havia sortit a fer la ruta que era com el nostre pa de cada dia i que no canviava encara que al poble hi hagués dos pams de neu: pa, diari, cafè al bar (amb dòmino algun dia amb els amics), quatre coses de menjar i tornar a casa. Al llac només m'hi vaig trobar una família amb dos nens petits que cridaven i una senyora que es banyava sense ficar el cap a l'aigua per no mullar-se els cabells.

El vaig veure aparèixer amb una bici, barba clara arregladeta, ulleres de sol i un gos corrent darrere i bavejant de set. M'hi vaig fixar perquè semblava que se li hagués trencat la cadena de la bici i la duia al costat agafant el manillar. I perquè era guapo, era ros, tenia les cames fortes. Després es va netejar les mans, va entrar a l'aigua i va passar-se una estona nedant crol, una estona massa llarga, fardant de tècnica. El gos entrava i sortia del llac. Tenia la pell torrada i brillant, se li marcaven els músculs i les venes del braç. Si l'hagués vist abans me n'hauria recordat. Quan va sortir encara tenia les mans negres del greix de la cadena. Sempre m'ha caigut malament la gent que parla amb els animals com si fossin persones amb enteniment, però em vaig apropar al gos per dir-li «maco» i «què dius, tu» i així poder tenir conversa amb ell. Vaig deduir que no era del poble i vaig trobar un dard fàcil amb la llegenda de l'enfonsament.

–Saps que t'has banyat amb un tractor per aquí colgat?

L'hi vaig explicar i de seguida vaig veure que era de poques paraules, de contestar amb el mínim i de no fer preguntes.

–Que és la primera vegada que vens a Belldoc?

–Sí, hem llogat el Mas Brufó amb uns amics.

Es mirava les mans negres i se les fregava.

–Això només ho trauràs amb alcohol.

Vaig pensar que era timidesa, perquè ni mentre parlava ni quan em contestava em va mirar un sol cop. Tenia els ulls d'un blau molt fosc. Parlava fluix, semblava distant i delicat, aquesta gent que no saps mai gaire com desxifrar i que sempre es queden en un segon terme. Quan va desaparèixer, amb la bici i el gos darrere, la senyora que no es volia mullar el cap havia marxat, la família seia al sol i el llac va quedar buit i amb l'aigua llisa com un tel de llet. El cel s'havia enfosquit. Vaig dormir vint o trenta minuts tapada amb la tovallola. Em van despertar unes gotes grosses i em vaig cagar en l'hòstiaputadaquestempsdemerda. Em vaig vestir i vaig tornar cap a casa.

Va ploure tot el dia. Aigua, vent, cops de persiana i l'avi nerviós i pesat posant tovalloles a terra, a cada finestra, per si de cas entrava aigua, per si de cas ens inundem i la fusta s'infla, que un dia l'aigua es va filtrar i queia al pis de baix.

–Per si de cas ens morim tots, avi... que és una tempesta, cony, no un tornado.

–Tu què sabràs. I posa't uns pantalons, per favor.

Em vaig tancar a l'habitació, vaig buscar «hentai» a la pàgina de porno. Em vaig masturbar amb el volum al mínim i les cuixes de la noia empastifades d'esperma mentre sentia l'avi que corria per casa.

El vaig buscar per la timidesa que li havia vist al llac i perquè estava bo. Per la desídia d'estar-me esperant que parés de ploure. Justament perquè plovia no podia treure mig cos per la finestra i fumar. I si fumava a dins, ens les tindríem amb l'avi i no feia ni vint-i-quatre hores que era a casa seva. A vegades em proposava buscar a les xarxes gent que sabia que em costaria trobar. Només es tractava d'esbrinar la manera, de linkar-ho tot. Aquí ho tenia fàcil. No m'havia dit com es deia, però sabia el nom de la casa rural. Vaig entrar a l'Instagram del Mas Brufó, amb unes fotos i una mena de logo tan lamentable que no vaig entendre com és que a la gent li venien ganes d'anar-hi a dormir. Vaig anar als seguidors, que no arribaven a dos-cents cinquanta. Vaig buscar, un per un, els nois que s'hi podien assemblar. Molts amb fotografies al perfil amb una figura humana massa petita (era impossible de reconèixer qui eren) o amb la fotografia d'un paisatge. Els vaig resseguir tots. Al final tenia quatre opcions: Pol, Quim, Marcel i Jordi. Només el Pol tenia el perfil obert, hi vaig remenar una mica i vaig veure que no era ell. M'hi vaig atrevir i em vaig posar a seguir els altres tres. Només em van acceptar la sol·licitud el Quim i el Marcel. Una repassada ràpida de les fotos en què apareixia gent i ho vaig veure clar: era el Quim. El tenia. No feia ni dues hores que havia començat la cerca i ja m'havia acceptat la sol·licitud. L'últim post era del dia abans, una taula parada i una fideuà enorme al pati de la casa rural amb una colla de gent que reien suats de cara i mirant a càmera. Hi vaig xafardejar de dalt a baix: concerts, muntanya, posta de sol a la platja, fotos amb auriculars i traginant una càmera. Viatges a Cuba, Irlanda i Los Angeles. Un vidre de cotxe amb gotes de pluja, una foto intensa rebaixada amb una frase divertida que el feia semblar enginyós i no un flipat. Un mercat de fruites. Un somriure gros, un pastís. Espelmes: un tres i un nou. M'havia semblat molt més jove, i vaig pensar que hi ha una franja d'edat en què no pots estar segura de res quan mires una persona.

L'endemà a les nou, amb els ulls inflats d'haver dormit més de deu hores, vaig anar a la biblioteca. La primera estona va consistir a aguantar les indicacions en mode conferència de l'Olga, la senyora que la portava, que agafava vacances i que jo substituiria. Em recordava un dragó per la cara aixafada i les dents separades les unes de les altres. A part, tenia una capacitat fascinadora d'encadenar un tema amb un altre i amb un altre i de no deixar mai cap silenci a l'aire, com si el buit de paraules li pogués causar la mort sobtada. Vaig pensar com era possible que algú així treballés en una biblioteca. Tot el que havia de fer era ordenar els pocs llibres que treien de lloc, algun préstec amb el programa d'ordinador i vigilar els nens que anaven a aquella sala amb coixins i moblets de fusta per llegir i fer els deures d'estiu. Tot per deu euros l'hora, quatre hores al dia, que era una puta estafa però que em semblava un bon tracte perquè el menjar me'l pagava l'avi i em podia gastar la resta. Aquell matí ens hi vam estar totes dues perquè jo pogués entendre tota la complexitat de la catalogació d'aquell fons mínim, que es basava, oh sorpresa, en l'ordre alfabètic. També vaig haver d'estar-me una estona amb els nens, que no m'agraden. Em van demanar que els expliqués contes i que els ajudés amb les sopes de lletres, em van preguntar quants anys tenia i fins on m'arribaven els cabells (duia el mateix monyo amb què havia dormit). Els vaig dir, molt fluixet, que no podia parlar gaire perquè tenia una malaltia molt greu a la veu i si parlava em podia morir d'un moment a l'altre i em sortiria tot de sang per la boca i els embrutaria els coixinets de lli beix que tenien per seure. Ho vaig dir somrient perquè l'Olga em mirava des de fora mentre anestesiava una senyora amb el seu monòleg. Em vaig passar el que quedava de matí llegint sobre Kenji Mizoguchi i les geishes de les seves pel·lícules i mirant el mòbil per si la Joana em contestava. I no. Però havia escoltat els meus àudios. Tenia resposta de la Lídia.

«Ja li passarà. Però és que vas anar a fondo, tia.»

No tan a fondo que beguts tots hem fet merdes.

A la una l'Olga em va donar la clau de la biblioteca mentre m'explicava que un amic del nòvio de la seva filla estudiava un màster de Direcció de

Cinema a Birmingham i no sé quantes coses més que vaig deixar d'escoltar assentint i fent cara d'interès. Haver d'aguantar aquell dragó i a sobre no cobrar perquè era el dia de traspàs d'informació. Quantes hores devia haver perdut durant divuit anys escoltant merdes de gent que m'interessava menys que l'amic del nòvio de la filla de l'Olga, que no veuria mai a la vida? Quan en vaig fer divuit m'havia proposat que aquella nova etapa també passaria per deixar de fer coses que detestava. El dia del meu aniversari m'havia tatuat a la part baixa de l'esquena un peix koi envoltat d'onades i flors vermelles. Em queien les llàgrimes cada vegada que la tatuadora passava per sobre la columna, semblava que em tallés la pell amb un cúter d'oficina. Vam estar més de dues hores amb el soroll de l'agulla i la tinta. El vaig poder amagar als pares exactament tres mesos. Al maig ja me n'havia oblidat i dormia sense samarreta perquè feia calor. Vaig obrir els ulls i els vaig veure tots dos asseguts al llit com si els hagués cremat la casa i el cotxe.

–És el meu cos. Tinc divuit anys.

I la meva mare:

–Vius aquí. Depens de nosaltres.

I així en bucle amb algunes variacions. I jo a crits:

–És el meu cos, puc fotre el que em doni la gana!

El meu pare callat. I un petita aportació relacionada amb la mida del tatuatge que no tenia ni solta ni volta.

–A veure, papa, què collons importa si és gran o petit? No estem parlant d'això.

El capítol del tatuatge va batre el record mundial de cabreig sostingut en el temps en aquella casa. Després, com tot, va anar passant. Però va costar crits, soroll i nits de dissabte tancada a l'habitació com un gat rabiós. Quan l'hi vaig ensenyar a l'avi, em va dir:

–Gabriela, hi ha coses que jo ja no les entenc...

Bravo, el més sensat. No feia cap falta que les entengués. El peix koi és icònic de la tradició asiàtica. Ha de nedar contra corrent, sense descans. És la perseverança, la paciència, la fortalesa davant les adversitats. És un tatuatge preciós.

Vaig tenir en ment de fer-ho tot el dia però ho vaig anar endarrerint, també pel plaer d'haver de començar, de no saber si allò moriria abans i tot d'haver començat. Li vaig escriure a l'Instagram i vaig aguantar cinc segons abans de prémer enviar. Vaig pensar que si no contestava m'era igual.

–Encara vas amb les mans com un camioner?

Va trigar una mica més d'una hora a contestar.

–Sí, ja no em marxarà mai...

I l'emoticona de la suor al front.

–He començat a treballar a la biblioteca, al costat de l'església, ja em vindràs a veure, que és molt avorrit. I t'explico bé la història del tractor al llac.

–I tant!

I l'emoticona dels cors als ulls.

En aquell moment em va semblar que havia guanyat la primera partida. Com a mínim ell havia contestat ràpid i m'havia seguit una mica el joc. Era la meva manera de funcionar. Ho atribuïa al meu avorriment crònic. I això tant podia passar amb lectures de dilemes filosòfics sobre un tren que ha de descarrilar amb tot de gent a dintre, amb pel·lis japoneses dels anys cinquanta o intentant que em miressin amb ganes els professors joves, les noies més grans de l'institut o les parelles de les meves amigues. Si no tenia entre cella i cella un blanc presumptament impossible, no se m'activava res i mantenia el rec sanguini en pilot automàtic, com qui veu passar la vida a través d'un vidre insonoritzat.

Però el Quim no va venir a la biblioteca. I els dies següents no me'l vaig trobar pel poble, ni quan passava expressament per davant del Mas Brufó, ni cap de les vegades que vaig tornar al llac. I jo vaig passar-me moltes hores estirada al llit amb l'ordinador, mirant TikTok, dormint, llegint. De tant estar ajaguda em feia mal l'esquena i anava una mica encorbada. L'avi només em deia que allò no podia ser bo de cap manera, però ell no tenia ni idea del curs que havia passat ni de res. Quan ja feia tres dies de la primera conversa li vaig veure el cercle verd indicant que estava en línia i em va semblar que era un reclam perquè ho tornés a provar.

–Avui han tret el tractor del llac! T'ho has perdut! (emoticones de tractor)

–Hahahahaha! No fotis!

–Quatre grues, televisions internacionals, una moguda bèstia...

–Hem estat fent excursions amb els amics per aquí al voltant i no he estat gaire pel poble. Hi ha unes cales impressionants.

M'havia d'esforçar a no deixar morir la conversa i vaig començar a fer-li tot de preguntes per retenir-lo a partir del poc que m'havia dit. Bàsic: vivia i treballava a Barcelona. La casa rural: hi havia anat un cap de setmana un amic seu i li havia agradat tant que l'havien llogat molt bé de preu entre quatre tot l'estiu. La feina: tenia una empresa de serveis per a televisió i cinema, feien so en directe i postproducció. Aquí em va vèncer. Ai, Quim, Quim, a sobre això. Ràpid vaig buscar a internet l'empresa que em va dir, Sonema. Havia treballat amb Isaki Lacuesta. A l'apartat «Qui som», hi sortia una foto seva amb uns auriculars grossos i cara d'intensitat. Em va contestar educadament a tot, simpàtic i bé, però el cabró no em va fer ni una sola pregunta, no li despertava cap mena d'interès. Això em va martellejar l'autoestima, crec-crec, un trencadís minuciós del meu ego. I vaig decidir que no l'obriria més.

Al cap de tres dies el vaig veure de lluny, sortint de la carnisseria, era al vespre i jo tornava del llac, amb les puntes dels cabells que m'havien deixat unes rotllanes d'aigua a la samarreta. Li vaig fer una salutació seca. Només vaig aixecar la barbeta, sense dir res. Ja havia decidit que aquella seria la meva actitud. Vaig notar com em mirava, a la cara, a l'esquena, uns segons més del que hauria estat habitual, escrutant-me, redescobrint-me fora de la pantalla.

–Adeu, Gabriela!

Però jo no em vaig girar. Vaig seguir caminant, com si em fos igual, com si no m'agradés sentir aquella veu desconeguda pronunciant les quatre síl·labes del meu nom. Com si em creés una mica de nou en el moment que sortia de la seva boca.

PRINCIPIS DE JULIOL

Hi ha molts records dels estius a casa de l'avi. Molt pocs amb l'àvia. Ell que plora a la taula i es queda sense aire i tinc por que es mori. Al cine japonès dels seixanta el plor no es grava mai de cara, sempre d'esquena. I l'espectador intueix que el personatge està plorant a partir del cos tremolós amb el cap mirant avall. El meu avi no va tenir vergonya que el veiéssim a la taula, ni tan sols es va tapar la cara amb les mans. Ens va oferir el plor com una evidència de tota aquella pena que no sabia com entomar. Al Japó s'han inventat una teràpia per plorar en grup. Es reuneixen en una sala, miren vídeos tristos i ploren plegats. Ho fan per curar-se del mal de no saber expressar el que senten. Aquestes festes de la plorera es diuen «rui-katsu».

També tinc records venint en cotxe amb els pares a l'agost, quan tenien vacances i el trajecte em semblava que durava dos dies. Els records m'han servit per entendre'm i per fer retrets a qui estimo.

N'hi ha un: les estones castigada al replà del pis, entre les quatre estores davant de cada porta. La meva mare m'hi feia sortir fins a l'hora de sopar, deia que no em volia veure, que fora. No recordo que cap veí em trobés allà asseguda amb cara de parricida. Quan de més gran li escopia aquesta imatge, dient-li que hauria pogut baixar al carrer i que em passés qualsevol desgràcia, com ara ser l'ofrena d'una secta satànica o que trafiquessin amb el meu cos i em violessin fins a matar-me, ella em feia callar i em deia que no n'havia sabut més, que jo era llesta però que a vegades tenia males idees. I que quan no aixecava un pam de terra me la mirava sempre amb uns ulls rodons, desafiants, amb la boca plena de raonaments que ella no havia pogut ni imaginar, que no sabia rebatre, i que no havia llegit en cap llibre d'emocions i límits educacionals. Era com un monstre petit i incontrolable capaç de treure-la de polleguera abans de les nou del matí. Però després, fora de casa, era tan exemplar, tan dolça i tan atenta que fins i tot m'havia portat a teràpia perquè volia entendre què em passava per dins. El meu pare era un home distant, que donava classes de dret medieval a la universitat i recitava frases de Tomàs d'Aquino, «iustitia sine misericordia crudelitas est, misericordia sine iustitia, dissolutio». I d'Ausiàs March, perquè la poesia medieval també el perdia.

S'havien separat durant gairebé un any i mig quan jo tenia tretze anys, i llavors va començar un periple en què tots dos feien veure que no passava res i que estaven tan ben avinguts, però la mare no va parar de canviar de pentinat, de fer règim i de sortir de cap de setmana amb les amigues a hotels amb encant. Un dia la vaig veure plorant estirada al sofà del menjador amb un coixí a la cara. Al pare mai. Ell va llogar un piset a l'Eixample que va tenir sempre ple de caixes de cartró amb les seves coses a dins. La veritat és que no vaig saber mai per què s'havien separat ni per què havien decidit tornar a estar junts, tot i que vaig pensar que jo hi devia tenir alguna cosa a veure. Encara que no m'agradessin gaire, vaig estar contenta de veure el meu pare una altra vegada rondant silenciós per casa i que tot fos com sempre, o com jo ho havia conegut.

No vaig tenir germans, i durant molt de temps no els ho vaig perdonar. De petita havia plorat que volia una germana petita i que volia una germana petita, pensant que el meu desig podia fer canviar una decisió ferma com una columna de marbre. Perquè els meus pares haurien donat el pis i s'haurien deixat buidar el compte corrent abans d'arriscar-se a la incògnita d'un altre fill que els fes trontollar totes les certeses. Després ja no em vaig saber imaginar sent germana de ningú, però estava segura que, si haguessin tingut un altre fill, m'hauria divertit més. Per això els meus pares em semblaven, en general, unes persones poc intel·ligents, bastant egoistes i gens interessants. No tenien profunditat, sempre mullant-se només fins als turmells, mentre jo tirava endins, endins despullada a l'aigua del llac, cap al tractor enfonsat fins que la falta d'aire em comprimia les costelles. La mare a vegades parlava de coses que em cridaven mínimament l'atenció, alguna pel·lícula d'autor, alguna novel·la, però no arribàvem mai a parlar el mateix idioma i la seva escala de valors, amb la importància de les aparences i la prudència, em semblava ridícula. I el pare, amb les frases en llatí i comentant coses de fa cinc-cents anys, em semblava just el punt anterior a la mort per avorriment. Aquell era el primer estiu que només vindrien a Belldoc algun cap de setmana. La mare s'havia d'estar a l'òptica i el pare donava un curs al juliol. A l'agost farien una ruta per Itàlia amb els amics per celebrar que alguns d'ells (inclòs el meu pare) havien fet cinquanta anys.

A principis de juliol, per fi, quan ja començava a estar cansada de mi mateixa, tantes hores sola sense fer res, va arribar la Lena amb la seva mare i la seva tieta. Vivia al Maresme, i duia uns cabells llargs tenyits de vermell fosc. Era la barreja exacta entre l'Erza del manga *Fairy Tail* i la noia d'Egon Schiele amb el cap al genoll i cara de migranya. Teníem altres amics de pobles de prop, com l'Aran i el Martí, però amb ella era diferent perquè les nostres cases eren a dos carrers de distància i ens vèiem a totes hores. La Lena era un caos amb el batxillerat i sempre que podia li passava treballs meus, i a vegades fèiem videotrucades i li explicava els problemes que no entenia. Moltes nits dormíem a casa del meu avi o a casa de la seva tieta, que tenia una piscina al pati on només ens banyàvem nosaltres i planificàvem un viatge al Japó que ens omplia moltes estones. Amb la Lena ens unia el convenciment d'estar sempre al cantó dels vencedors. Em va fer un whatsapp de seguida que va baixar del cotxe i vaig córrer a casa seva.

–Joder, Leni, cada estiu estàs més bonota!

–Calla, puta, que no saps com t'he enyorat, quin any de merda.

La seva mare havia tingut càncer de pit. A principis del setembre passat, quan ja teníem la pell fosca i seca de tant de sol i aigua, la Lena va aparèixer tremolant a casa de l'avi. Havien d'operar d'urgència la seva mare, se'n tornaven a Mataró perquè li haurien de fer quimioteràpia. El pares de la Lena estaven separats des que ella era molt petita. El seu pare vivia fora i la Lena tenia una por inacabable de quedar-se sola. No parava de plorar i les gotes negres de rímel li queien fins a la barbeta. Recordo que vam quedar completament mudes, no dèiem res, atordides, colpejades i burres davant d'aquella situació, fins que la seva mare i la seva tieta van carregar el cotxe per anar-se'n. No ho dèiem però ens sentíem culpables de tota la felicitat d'aquells dos mesos, com si hi hagués d'haver un encaix entre la felicitat i la desgràcia i si mous una peça d'un cantó, inevitablement, se'n mou una de l'altre.

Ens havíem enrotllat per primera vegada feia dos estius. Una nit que vam acabar discutides i vam arribar a casa la tieta de la Lena sense mirar-nos i sense parlar-nos. Havíem anat fins a Llerca totes soles, a quaranta minuts de Belldoc a peu per camins de carro foscos, patint per si ens creuàvem amb algun senglar o alguna altra bèstia, il·luminant amb el mòbil el marge de la carrerada i culpant-nos l'una a l'altra d'haver pres la decisió d'anar-hi. Quan vam arribar a la festa, que era buida i trista com un final d'agost, putejades i cansades, no sé per quin motiu vaig dedicar tots els meus esforços a perseguir un dels nois que tocava al concert. Vaig aprofitar que coneixia algú de l'organització i no vaig parar fins que me'l vaig emportar darrere un cotxe a fer-nos quatre petons i dues magrejades. Jo sabia ser dissimulada i fer que la gent del meu voltant no sentís que eren una petita part de l'engranatge dels meus capricis. Però aquell dia, potser per la confiança que li tenia a la Lena, potser perquè m'havia afartat de tant de camí fins a arribar, la vaig deixar sola a la pitjor festa on havíem estat mai, aguantant gent passada i borratxa, amb un paio gran i demacrat que es pensava que tenia alguna oportunitat d'acabar la nit amb ella. Quan en vaig ser conscient, un cop al llit de casa la seva tieta, i el remordiment ja em constrenyia els budells en forma de bola de plom, vaig demanar-li perdó, sense buscar justificacions que semblessin una excusa barata.

–He sigut molt egoista. Perdona'm, tia.

–I ja està, així ho arregles tot, tu.

La Lena em mirava des de la penombra, desafiadora, amb aquells ulls seus sempre tan oberts, inexplicables, a punt d'engolir-me. Vaig començar amb un petó al coll i després a la boca, a poc a poc. Ens hi vam estar estona, als pits, a la panxa fent-nos eriçar el borrissol. I després no vaig parar fins que vaig veure que bategava i gemegava als meus braços.

–Va estar bé allò d'ahir.

Ho vaig dir l'endemà, des del llit. Ella em donava l'esquena amb els cabells vermells estesos als coixins. No li veia la cara mentre m'ho retreia.

–Et devies sentir bastant malament, trobo.

Des de llavors «allò d'ahir» va anar passant de tant en tant. Quan estàvem avorrides, quan anàvem borratxes. I en parlàvem poc, massa poc, intentant normalitzar la situació, evitant les paraules per no arribar a l'únic que en trauríem si en parlàvem: fer-nos mal. Perquè jo tenia la sensació que la Lena n'hauria volgut més. I la Lena pensava que jo només ho feia per saldar aquell deute d'utilitzar-la una mica en funció del que a mi m'anava bé. Tot i que crec que, quan em veia agafant-li les cuixes, es volia convèncer que en el fons potser ho desitjava més i tot que ella mateixa.

Quan la vaig tornar a veure li vaig dir de dormir juntes i mirar una pel·li de por de Kiyoshi Kurosawa, però va bufar i va fer mala cara perquè el va confondre amb Akira Kurosawa (entre l'un i l'altre hi ha quaranta anys de diferència, cosa important per a la seva predisposició amb la pel·lícula). Es va acabar adormint igualment. Fins i tot mentre dormia, la Lena, amb la respiració compassada i el cos deshabitat, cada vegada que es movia i canviava de posició buscava el contacte amb la meva pell, un instint de trobar la protecció de qui tenia més a prop. Quan esmorzàvem llet amb magdalenes dins la piscina, l'hi vaig explicar.

–Parlo per Insta amb un tio gran del Mas Bru-fó. Molt mono.

–Joder, cada estiu amb alguna història ràndom.

–Sí, tia. Trenta-nou anys. Molt fort. Molt ràndom.

MITJANS DE JULIOL

Vaig haver de mentir. Mentir t'empastifa i et deixa sola amb teva pròpia farsa. Tens la mentida allà i l'has de cuidar com un gatet i vigilar que no prengui mal. Jo mentia sovint. Sense calcular-ho gaire, per comoditat o per diversió o per tot a la vegada. I m'era tan fàcil que pensava si no hauria de tornar a la terapeuta on m'havia dut la meva mare perquè de petita era una malparida i li feia perdre l'oremus cada dos per tres. Hi vaig anar bastants anys. Per les altes capacitats, per les enrabiades, per un trastorn negativista desafiant, que és una cosa que no vol dir res més que tenir un caràcter fort i fer el que fan tots els nens (però aquell nom va deixar ma mare més tranquil·la).

Amb el Quim parlàvem a les nits. Li vaig demanar el número de telèfon. Instagram era lent. Jo li feia like a totes les stories perquè eren llocs del poble. Ell no em va fer mai follow back. Tot i que la majoria de vegades era jo qui iniciava la conversa, ell també va començar a fer-me preguntes. Escrivia i esborrava per dir-ho exactament com ho volia dir i s'estava estona en línia. Jo m'ho mirava triomfal, «Quim. Escrivint. Escrivint. Escrivint». I m'inflava tota del plaer de veure'l venir cap a mi, a poc a poc, sense adonar-se'n gaire.

Li vaig dir que tenia vint anys, que estava a mitja carrera i que compartia pis amb unes amigues. Donava alguns detalls, pocs, de la convivència al piset de Gràcia i de les assignatures i els professors que havia buscat al pla d'estudis a la pàgina web de la universitat. Però no mentia sobre les pel·lícules que coneixia. I amb això veia que el tenia impressionat. N'havia vist moltes més que tota aquella colla d'homes que feien el dòmino al bar, entre els quals hi havia el meu avi. Aquella obsessió em va salvar. Des dels dotze anys m'havia passat hores, moltes hores, ajaguda llegint i mirant una pel·lícula darrere l'altra, feliç sense haver d'interactuar i fer veure que els altres m'interessaven mínimament. Primer el manga i després tot el que tenia a veure amb el Japó, perquè no li interessava a ningú més. Hauria estat una perfecta hikikomori si no hagués fet una gran descoberta: el desig que despertava en els altres. Em van sortir els pits i de festa m'hi clavaven ulls i dents. El feia créixer, era una fanàtica del poder que tenia sobre els que em miraven.

Quan acabàvem rellegia les converses i reia tota sola al llit, o mentre feia veure que treballava a la biblioteca, recomponent-me l'ego esberlat dels dies que m'havia costat que em fes el cas que em pertocava. Després, quan ens trobàvem, fèiem veure que no ens coneixíem. Ens vèiem de lluny i més tard ho comentàvem pel mòbil.

–Molt interessants, les espardenyes d'avui.

O:

–La carnissera parla així a tothom?

–A tu a quin preu et cobren la mitjana? Als del mas cada dia ens fan un preu diferent.

–Explica'm què feu a Sonema.

–Emmagatzemem tots els sons d'una pel·lícula. Totes les paraules, les respiracions, les rialles, els crits, la música, un clàxon, la cullera remenant el cafè.

Llavors li vaig començar a enviar àudios de la meva vida.

Pista 1. El so de quan menjo galetes esmorzant amb el senyor Maurici (el sentiràs rondinant de fons perquè m'estic amb el mòbil).

Pista 2. El so de quan m'encenc un cigarro a la finestra.

Pista 3. El so de quan em raspallo les dents.

Coincidíem al bar, a la pastisseria, al llac. I allà a penes ens miràvem, avergonyits, escindits de nosaltres mateixos i de qui creàvem en la pantalleta il·luminada. I tot i que era un poble petit i tothom estava al cas de tot i parlaven a la cua del metge o de la peixateria o fluixet a les portes de les cases, ningú s'havia adonat de la casualitat, com si hi hagués una energia que ens xuclava i ens unia, aliens a la nostra voluntat, que feia que coincidíssim tan sovint a tants llocs diferents. Teníem sort de ser un estrany i la neta del senyor Maurici. Perfectament invisibles, molt poc importants. Perquè si algú hagués comentat alguna cosa, el meu avi m'hauria vingut a dir que qui em pensava que era per anar emprenyant la gent de Barcelona que s'estava a les cases rurals.

21 I 22 DE JULIOL

–La festa major d'aquí és cutre però t'ho passes de puta mare.

Havia escrit al Quim que durant quatre dies la gent es tornava una mica boja i els carrers s'omplien de cercaviles (nens que ballaven suant i desmanegats) i gots abandonats i mig plens de cervesa calenta. Per mi només la nit valia la pena. L'acumulació de son i de ressaca que m'enfonsava els ulls i feia que em quedés amb la veu ronca. Era el tercer cap de setmana de juliol. Llavors ja havia viscut la festa major uns quants anys i era capaç d'acumular-ne els records en forma de patró repetit, com eren les nits i per on m'arrossegava durant el dia. Jo només volia sortir, emborratxar-me i poder veure el Quim.

Dijous a la nit me'l vaig trobar. Hi havia un concert de jazz. En realitat eren tres flipats que van tocar dues hores seguides com si en cap moment canviessin de cançó. Amb la Lena sèiem en una de les tauletes de fusta amb espelma i cava en copa de plàstic a dos euros. El Quim estava amb els amics del Mas Brufó. M'havia parlat de tots, però jo era incapaç de relacionar les cares (tots barba, tots castanys) amb les feines, amb les anècdotes: el que era professor, els que treballaven amb ell a Sonema, el que era més amic seu i de qui parlava més, que es deia Bernat. Des que el vaig tenir localitzat, vaig actuar només amb un objectiu: que em veiés, que travessés amb la mirada la plaça plena de caps i de música per arribar fins a mi. Li vaig escriure:

–Soc darrere teu, a la dreta de la façana de l'església.

Un minut i havia llegit el missatge. Tres segons i havia girat el cap per trobar-me. Vaig aguantar, ferma, amb l'esquena recta a la cadireta. Els ulls fixos fins que ell, sabia que seria ell, va deixar de mirar-me i va tornar als del jazz. El nus de tensió se'm va desfer de cop a la panxa. Necessitava parlar-hi cara a cara, perquè, si no, no passaria mai res. Li vaig dir que l'endemà hi havia un concert molt millor que el de jazz, li vaig proposar fer junts una cervesa i ell no va respondre ni que sí ni que no. Però jo ja estava decidida a no permetre que fos aquell amic que, no saps per què, no passa mai de ser el del xat, el que no veus mai de prop, el que sembla que no escrigui amb uns dits de carn i ossos.

Pista 4. El so de quan entro a banyar-me al llac (l'ha gravat la Lena).

Pista 5. El so de quan dormo al llac (també de la Lena, creus que es pot considerar roncar?).

Pista 6. El so de quan pixo.

Els hi vaig enviar l'endemà a la tarda. A la plaça feien concurs de truites, i amb la Lena vam dir que estaria ple de iaios i que no ens interessava ni per menjar gratis. A la nit tocava la Banda Nou. També tocaven a la tarda, després de les truites: a la primera part, versions per als de més de seixanta. Les cantants amb vestits lluents i els senyors bavosos mirant-se-les, era el dia de l'any que tenien carn fresca més a prop per pelar-se-la quan arribessin a casa. A la nit els músics es canviaven els lluentons per outfits negres, com de rock dels noranta que volien semblar moderns. Amb la Lena hi vam arribar les primeres, ens vam beure un rom cola compartit i vam fumar un porro assegudes a la vorera. Em vaig passar la primera hora del concert mirant enrere, per on arribava la gent, intentant trobar la cara del Quim. La Lena em va dir que era un pal estar-se amb algú que només gira el coll tota l'estona a veure qui ve. Van arribar l'Aran i el Martí.

–Hi ha els mossos a l'entrada, ens hem cagat.

–I jo amb la maria als ous, saps.

–Anem a la barra que vull fer un altre cubata.

Vam fer el circuit de la cua dels tiquets, la cua de la barra, un glop llarg i un altre cigarro. Tot havia de ser ràpid perquè fins que no notàvem l'alcohol a les venes allò no valia la pena.

La meva primera borratxera havia estat amb la Lena i amb vi blanc de la cooperativa del poble. Ens l'havíem begut calent perquè no l'havíem pogut deixar a la nevera sense aixecar sospites i perquè tampoc ens va semblar necessari. A la nit vam dir que sortíem a la fresca i ens vam endur la garrafa en una motxilla. Amagades a la vora d'un camí de pedres, anant cap als llacs, vam beure amb l'únic objectiu de posar al límit els nostres cossos de nenes de catorze anys. La vista se'm difuminava. Vaig acabar estirada a terra amb els peus bruts de vòmit ardent. Em va costar molt, després, que no em vingués una arcada de fàstic cada vegada que ensumava vi, i que no em tornés el record de la pudor de les sandàlies, que vaig haver de llençar.

Amb els cubates ho tenia après i practicat. A la plaça notava l'ebrietat de la segona copa, i per mi ja podia començar tot. M'agradava sortir perquè m'agradava ballar, i m'agradava ballar i que em miressin com ballava. Tenia a la boca el gust dolç, una barreja de cola i de fusta. Em sentia guapa, els meus amics també ballaven, i la gent envoltada del blau fosc de les dues de la matinada era atractiva i jo hauria passat la mà per les esquenes suades i hauria enfonsat els dits als cabells de tothom.

Llavors, el vaig veure. A la barra, mirant-me.

Bevent-se una cervesa. I mirant-me.

Com si hagués esperat l'estona justa per trobar-me d'aquella manera i mirar-me des d'un altre punt, enfora de la nit.

Vaig continuar ballant i vaig alçar una mica el cap per saludar-lo. Però a partir de llavors li vaig dedicar tots els meus moviments, cada cosa que deia, que feia. Tampoc sentia que ho decidís jo, era un mandat i era l'alcohol, la música, era la veu imitada de Los Rodríguez travessant el viento sin documentos. Vaig agafar la Lena i li vaig ficar la cama entre les cames, se'm va arrapar a les cuixes amb els seus pantalons amples i el seu cosset en un top curt. Em vaig acostar a la seva boca i l'hi vaig menjar, molt dolça i molt tendra, per sentir la textura concreta dels llavis de la Lena i el gust concret de la Lena, que llavors era de marihuana i de cervesa. Ella em va venir a l'orella i em va dir que era un tros de puta, perquè s'havia adonat que tot ho feia perquè havia vist el Quim.

M'hi vaig apropar quan ja feia quaranta minuts que l'havia vist. Primer li vaig demanar foc.

–No, no fumo.

–És veritat, no fumes. És que fas cara de fumar, Quim.

M'agradava dir el seu nom. No l'havia tingut mai tan a prop, li vaig inspeccionar les faccions de la cara i li vaig veure algun cabell blanc. Em vaig fixar en les mans, els dits polits i llargs, les ungles quadrades. El dia del llac que les duia plenes de greix no m'hi havia pogut fixar. M'agradava mirar-me les mans de la gent, com movien les articulacions per acostar-se el got a la boca, o la Lena com feia els cigarrets amb aquella cura de joiera o de cirurgiana.

–No vindràs allà davant? A ballar.

Ell mirava a terra. Jo ja duia tres cubates i li hauria llepat tota la cara.

–No soc gaire de ballar. Tu sí, ja t'he vist ballant amb la teva amiga. És la famosa Lena, oi?

–Sí, la Lena. Ballant, ens has vist? O ens has vist menjant-nos els morros?

Va somriure, es relaxava. M'hi vaig acostar.

–Diria que us he vist fent totes dues coses.

–És la gràcia. Si no, què hi fots, en una merda de concert de festa major?

Em va preguntar pel meu avi i per la feina a la biblioteca, en parlàvem sovint però ara com a mínim ho fèiem sense teclejar.

–Estamparia els nens contra el vidre aquell... Ei, tio, tu creus que algun dia podria venir, com si fos una ajudant o algo, a un rodatge teu? Em fliparia.

–Serà complicat, però a veure si ho podem quadrar.

La conversa va continuar, però ell estava tímid, es mirava els amics, que també ens miraven i devien esperar que ell em presentés. Era el mínim. Era un cagat, en públic.

–Me'n torno cap allà. Et deixo a la zona dels puretes.

Em va dir que s'acostaria a l'escenari, però no ho va fer. Vaig tornar a parlar-hi un parell de vegades quan anava a buscar cubates. La plaça plena, converses banals, crits a l'orella quan acabava la cançó. El veia a la barra, la seva cara que se'm desdibuixava una mica i havia de tancar els ulls i ferlos petits per enfocar-lo, i llavors el veia riure amb els amics i juraria que ell em mirava des del punt d'on no es va moure en tota la puta nit, perquè no se'm va acostar ni un mil·límetre. La gent va anar marxant i a la plaça van anar quedant zones buides i a terra es van anar fent marques humides de les cerveses que havien caigut, al costat de cigarrets apagats abans d'hora, entre els peus cada vegada més negres. A les quatre tots els sons del poble estaven concentrats en dos carrers, amb la gent arrapada a les últimes hores de nit, com si tinguessin por que els rajos de sol els transformessin, desfigurantlos les pells, veient-se els peus negres, sentint-se el cos estrany, de cop, sense la música, pressentint el primer mal de cap de l'alcohol dissolt a la sang.

El Quim se'm va acostar a dir-me que se n'anava, que ho acabés de passar molt bé.

–Espera, que t'acompanyo un tros i faig un porro.

Vam sortir de la multitud lents, jo arrossegava una mica els peus i les paraules, mig beguda i mig fumada, però tenia la sensació d'estar esplendorosa, com al millor moment de la nit.

–Tio, no has vingut a ballar. Ho he intentat eh, jo tot... ho intento tot sempre fins al final.

Al cap les frases m'anaven massa ràpid i la boca no em seguia. Si no hagués anat beguda hauria vist que arrufava una mica les celles, que mirava al voltant, que em deia que no cridés, que ja em sentia, però hi anava i el meu record d'aquesta escena seria enlluernador.

–He de pixar. Vigila que no passi ningú... i aguanta'm el porro, plis, i la ronyonera.

El Quim es va girar d'esquena i vaig pensar que era noble, i vaig començar una pixera que sortia amb la pressió d'una aixeta de cuina i que no vaig seu prou hàbil d'esquivar.

–Jo ara tornaré cap allà... És una llàstima que no t'hagis quedat fins al final. A les sis del matí això sembla una pel·li de Fellini.

Quan vaig acabar m'hi vaig acostar i li vaig agafar les coses que m'aguantava.

–Gràcies.

El Quim no va contestar. M'hi vaig apropar encara més i li vaig fer un petó als llavis. Curt. Un segon.

–Gràcies.

Ho vaig repetir més fort.

–A casa meva quan ens donem les gràcies ens fem un petó a la boca. Com ho veus?

No va contestar.

–És que no està bé...

–Joder... Doncs marxa, tio. Ves a dormir.

23 I 24 DE JULIOL

La ressaca era un mal de cap en línia recta entre les temples, però gens de remordiment i els intestins intactes. El senyor Maurici havia comprat esmorzar com si per casa haguessin de passar tots els músics de la banda.

–És que el no dormir fa gana.

Mira, almenys una cosa en què l'avi tenia raó. S'havia posat camisa nova i més loció que de costum, que normalment ja era una quantitat generosa. Va dir que a la tarda aniria al ball.

–I amb qui ballaràs, avi?

–Jo sempre tinc balladores. Perquè quan ballo sé portar. I això les dones ho valoren. L'avi per mi llavors era una mica entre un enigma i un clixé. Tan callat, fent una vida amb precisió de cronòmetre i traient i posant la manta al llit cada any el mateix dia del mateix mes, fes la temperatura que fes. Amb el canvi climàtic anava arreglat. Era esquerp, no t'ho deixava veure mai tot, i feia olor de

Talquistina perquè de jove havia estat ajudant d'infermer. També s'havia dedicat a la fusteria i havia tingut un taller amb uns quants treballadors. Com que tinc pocs records amb l'àvia, em semblava que ell sempre havia estat un senyor sol en aquella casa, com si tota la vida hagués sigut vell, calb i maniàtic. Miràvem westerns i els comentàvem. Li explicava que l'origen dels seus *siete magníficos* eren els set samurais de Kurosawa i m'escoltava molt atent, tancant una mica l'ull esquerre i dirigint l'orella dreta cap on era jo. Es llevava d'hora i no feia gens de soroll. Bullia patates i un tall de peix en un cassó petit com un got. Tenia les mans grosses i travessades d'un reixat de venes per agafar eines i tallar taulons de fusta. Li feia vergonya que dormís en tanga, i quan em venia a despertar de la migdiada perquè se m'havien fet les set de la tarda, girava la cara i em parlava d'esquena des de la porta de l'habitació.

–Avi, que no passa res, que soc la teva neta.

–Va, tapa't, que no teniu respecte per res, ja.

Què havia fet tants anys sol? Cap nòvia, cap amant? Un dia li vaig explicar que anava a platges nudistes i em va dir que algun dia un home se'm llançaria a sobre, que els homes perdien el control. I que no estava bé que ho fes perquè els provocava. Ho tenia tot mal entès, i si jo em posava insistent anava fent que no amb el cap sense dir res. Era tossut com ell sol, el senyor Maurici dels collons.

Però sovint li deia al Quim que el meu avi li encantaria. I també una frase que havia llegit no sé on, que deia que els nostres pares sempre ens semblen pitjors que els pares dels altres, i que els nostres avis sempre ens semblen millors que els avis dels altres. Ho creia de debò. També que el Quim era la mena de persona que el meu avi hauria adorat. Li hauria costat acceptar que fos la meva parella. Els extrems sempre li semblaven indecents. No em volia veure el tatuatge, no li va agradar quan em vaig tenyir els cabells de blau, o quan anava amb la faldilla curta o la samarreta massa llarga, i no havia volgut entendre què insinuava quan li deia que a casa de la Lena a vegades no dormíem i prou. Però jo pensava que, si hagués conegut el Quim com una persona independent de la seva neta, l'hauria trobat encantador. Si jo hagués nascut quinze anys abans, el Quim li hauria semblat una parella de deu.

El Quim m'havia explicat que els divendres a la tarda no treballava. Agafava un petit equip de so que tenia i anava a una residència geriàtrica que hi havia a prop de l'estudi, i de cinc a vuit feien estona de ball. En deien així, encara que no ballava ningú. Durant tres hores cada divendres del món els posava música de la seva època, Marisol, «Como una ola», la Núria Feliu. I els avis s'emocionaven asseguts a les cadires de rodes. Ballaven amb les mans, cantaven una mica les tornades fent rotllana al mig d'una sala amb les parets plenes de mandales mal pintats. I els seus cossos menuts i consumits, amb les pells arrugades, s'enlairaven com si anessin drogats i el Quim fos el seu xaman. Fugien d'aquella residència envidrada on sempre miraven enfora, per mirar endins dels anys llargs que havien viscut. I tornaven a una època en què eren forts i eren ells, els que empenyien la cadira d'algun vell.

Després d'aquella estona d'èxtasi, el Quim es quedava i els donava el sopar. Cada divendres del món des que feia poc havien començat Sonema, i no cobrava res per fer-ho. Quan era Nadal o estiu, a més, els posava cançons temàtiques. Deia que les primeres setmanes de tenir el local hi passava cada dia per davant i veia els avis asseguts i amb cara de morts, com si el cor els funcionés per inèrcia. Un dia va entrar per preguntar si hi havia opció de fer-hi alguna activitat com a voluntari. Li van dir que sí, que necessitaven gent per fer-los companyia a les tardes. Va començar a anar-hi i primer només hi parlava, jugava al dòmino, els treia al pati amb les cadires de rodes. Un dia se li va acudir preguntar-los per la música que els agradava i van començar a posar-ne al mòbil, i després un educador de la residència li va dir que seria una bona idea organitzar aquesta mena de festes musicals una tarda a la setmana. Vaig buscar la residència a internet i el Quim sortia en una foto de feia un parell d'anys, rient amb els iaios. Una infermera o una lora se'l mirava. Era un bon xaman. De la mília en parlava menys, per exemple. El pare mort. La mare estava malalta, ara, tenia esclerosi i vivia en una mena de residència, però anava fent.

Em va agradar veure'ls dissabte a la tarda l'un al costat de l'altre al ball per a gent gran. A la barra, l'avi demanava un Bitter Kas i el Quim una cervesa. S'havien dit un hola cordial de tenir-se vistos pel carrer, com se l'hauria dit qualsevol. Però vaig veure que el Quim es mirava atent el meu senyor Maurici, potser intentant ficar dins d'aquella cara tot el que jo li havia explicat. L'avi va ballar amb dues senyores amigues seves, amb la seriositat característica dels balladors de festa major: sense intercanviar paraules, sense mirar-se. Elegància, fredor. Eficiència. Sí que sabia portar les balladores. Quin mascle, l'avi.

El Quim no em va veure. Se'n va anar de seguida. En aquell moment el veia llunyà i inaccessible, espaiava moltíssim les respostes de cada missatge. Li vaig escriure a les dotze del migdia i em va contestar a les dotze de la nit.

–Com va la puta calor?

–Buf... Bé. I tu?

I esclar, així no hi havia manera. Estava convençuda que amb el petó l'havia espantat, i això em feia sentir una mica ridícula. Tenia tota l'estona el neguit de trobar-me'l i em semblava veure'l quan no hi era, a cada noi de la mateixa alçada i el mateix color de cabells amb qui em creuava. No vam tornar a coincidir fins a la matinada, quan el grup ja tocava les últimes cançons. Era la tercera i última nit de concert i, com era tradició, la festa va acabar amb hòsties. Primer vam veure volar un got, tònica i glaçons travessant la plaça i tocant les banderoles de paper. Després crits, «eeehhh», i després cops i uns llavis plens de sang.

–Et rebento, fill de puta!

I cada vegada que parlava escopia baves vermelles. La sang brillant, tan de prop, impacta. I a aquelles hores de la nit, mig beguts tots, la sang espessa et paralitza la teva. El motiu de la baralla no el vam entendre del tot, però el Quim va ser un dels que va començar a separar-los. Ell i el Bernat (llavors ja sabia que aquell altre era el Bernat). Es van posar entre tots dos i els cops ressonaven com si tinguessin els braços de fang.

–Prou, tio, para... Eh, eh... Escolta, tranqui, a hòsties no, va, anem...

I el tio li va fer cas i va deixar que el Quim se l'emportés. Era un xaman. El sentia parlar per frenar les hòsties i li hauria ficat la mà a la bragueta. Ja estava convençuda que no podria fer-ho mai. I com més ho pensava més calenta em fotia. Hauria plorat de la impotència de sentir que m'ignorava. A la matinada, amb la Lena, l'Aran i el Martí (que venien cada dia de festa major i després dormien al cotxe), ens vam colar a la piscina municipal perquè acabar la matinada allà era encara més tradició que les hòsties, i ens hi vam trobar el noi de la baralla amb els morros plens de sang seca. Anava amb un altre tio i havien tirat totes les cadires del bar a dintre l'aigua. L'hi vaig explicar al Quim i li vaig escriure que quins imbècils, però no ho va veure fins l'endemà i em va contestar el missatge només amb l'emoticona del puny.

Pista 7: Com em masturbo (pensant en tu).

FINALS DE JULIOL

Havia après a nedar en aquella la piscina que va acabar plena de cadires. Cada any organitzaven cursets i hi anaven els nens del poble i els que hi estiuejàvem, i en filera apreníem a tirar-nos de cap i a nedar amb la cara a dintre de l'aigua. Per a mi era com anar a l'escorxador. Mentre dinava els nervis se m'anaven posant al ventre i em feien un tall vertical. La piscina era als afores del poble, sempre hi feia vent i quan ens esperàvem entre un exercici i un altre tremolava de fred i el llavi em quedava blau. La solució de l'avi era donar-me terrossos de sucre. Després, quan hi pensava, dubtava dels coneixements sobre infermeria de l'avi, perquè m'havia de tirar amb mig terròs a la boca, i les dents em xerricaven i no podia nedar bé. Quan tornàvem cap a casa hi havia la recompensa del berenar del forn de pa: dònuts esponjosos i coberts de xocolata negra. Un cop ja havia crescut, anava a la piscina a les hores dels cursets i, espaterrada al sol, em mirava els nens tremolosos esperant per tirar-se de cap i donava gràcies d'haver superat aquella etapa i haver après a nedar sense ofegar-me. Continuava passant pel forn i els dònuts tenien exactament el mateix gust, però cada vegada eren inexplicablement més petits.

Una mica més avall del forn, en un carreró, hi havia ca l'Ernestina, una senyora soltera i solitària que tenia cinquanta anys i semblava que en tingués cent vuitanta. Quan passava per casa seva sempre la veia cosint. No parlava gaire i el meu avi deia que era rara, l'Ernestina, pobra Ernestina.

–Què li passa?

–Res. No res, pobra Ernestina.

–Per què pobra?

–Perquè li va tocar un pare que estava pitjor que ella. Va quedar conca i boja i no en sé res més. I no preguntis tant, tu. Que vols saber coses que no s'han de saber.

–Avi, va...

–El seu pare, que la... No ho sé, alguna cosa li va dir o li va fer, ningú no ho sap gaire. I prou.

Em va espantar que li digués boja perquè alguna vegada m'hi havia fet anar a recollir els pantalons que li portàvem perquè hi fes la vora. S'estava en una habitació que donava al carrer i a l'estiu tenia la finestra oberta de bat a bat. Cosia concentrada i encorbada com si fos la feina més complicada del planeta.

Un dia m'hi vaig acostar. Em cridaven l'atenció els seus dits boteruts, curts i ràpids, que semblava que només sabessin fer allò mentre es passava la llengua pels llavis al ritme del moviment de les mans. Sense aixecar els ulls va dir:

–Entra.

Vaig quedar-me parada, primer. Va aixecar el cap i li vaig veure uns ulls de contorn esgrogueït, com si tinguessin pols per dintre, que m'assenyalaven la porta. Em va fer una mica de por i potser per això vaig entrar, per no desobeir-la. El rebedor era fosc i feia olor de caldo passat. Ella cosia en una sala a mà dreta, i des de la finestra, per la part de dins, vaig veure el carrer on era jo feia uns segons, amb els crits dels nens que sortien de la piscina. Vaig passar i vaig dir hola, però no em va contestar. El que no es veia des de fora era el televisor petit que hi havia al lateral de la cambra i que no tenia so. S'hi veia una dona estirada en un sofà blanc amb els pits llargs que li queien a banda i banda del cos, tenia les cames molt molt obertes, tant que semblava que se li haguessin de trencar i separar del cos com a una nina de plàstic, i el pubis amb un bigotet primet de pèl. Duia un tatuatge a la panxa i el front suat. Un home a qui només se li veien els genitals la penetrava amb un penis rosat, gros i una mica tort, cada vegada més ràpid, i ella obria la boca i tancava els ulls en una expressió de dolor. No sé què vaig entendre, d'allò que veia, tot i que algun nen més gran de l'escola havia mig explicat que existien les pel·lícules pornogràfiques. Em va fer angúnia perquè no m'havia arribat a imaginar que allò pogués ser tan barroer, però a la vegada era tan real que no podia deixar de mirar-ho, era curiositat, era una tibantor incipient a la vulva de nena d'onze anys. L'Ernestina de tant en tant alçava la vista, tres o quatre segons, i la baixava una altra vegada al dibuix que cosia, però com qui mira un programa de cuina o una sèrie de migdia sense cap interès. Em va assenyalar el sofà amb els ulls, donant-me permís per seure-hi. M'hi vaig estar gairebé una hora. I aquella parella va canviar de postura moltes vegades, cada cop més vermells i suats, i l'Ernestina, al ritme d'ells, feia entrar i sortir l'agulla de la tela, punxant, estirant, movent la llengua concentrada, fent el dibuix d'un sol i un paisatge verd en una tela blanca, sense dir res. Després vaig dir que me n'havia d'anar i l'Ernestina ni em va dir adeu ni em va mirar, i vaig pensar que no em donava permís per tornar al carrer. Vaig caminar cap a casa de pressa i sense girar-me. Sabia de sobres que no m'hauria seguit, però no volia comprovar-ho.

L'endemà hi vaig tornar i vam repetir el ritual. A la tele hi havia un noi i dues noies fent una cadena i llepant-se els genitals. Repugnant i fascinant alhora. Hi vaig anar bastantes tardes, aquell estiu. Sortia una mica abans de la piscina, em comprava un dònut i em mirava aquells cossos sempre diferents però sempre fent el mateix. Era el secret que teníem amb l'Ernestina, i jo no entenia per què tenia tants dibuixos per cosir ni què en feia un cop els tenia acabats.

Després va morir. I tot i que li vaig preguntar a l'avi sobre l'enterrament i la casa, no vaig sentir mai a dir que hi haguessin trobat un arsenal de cintes de vídeo amb pel·lícules pornogràfiques amagat en un armari. No sé tampoc si aquell televisor anava tot el dia o només a les tardes, ni si algú més coneixia el seu passatemps. Les primeres vegades que em vaig masturbar recordava la dona dels pits llargs i el tatuatge a la panxa i aquella cara de dolor que feia quan el penis relliscós li entrava i li sortia, li entrava i li sortia. Vaig pensar que l'hi explicaria al Quim, però després no ho vaig fer, i potser millor. Aquell juliol van dir que, per fi, hi havia comprador per a la casa, però al final se'n va desdir.

31 DE JULIOL

Feia una setmana que havia acabat la festa major. La llum que queia a la taula de la cuina de casa l'avi, la taula on l'havia vist plorar amb els ulls desapareguts i que havia envernissat ell mateix, era una mica diferent. La Joana ja em deia alguna cosa, ho havia allargat bastant perquè era un cony de ressentida. No era tot tan important com ella ho vivia. I quan el seu noviet m'havia dit que parés, havia parat. No n'estava orgullosa, però tothom s'equivoca.

Amb el Quim no ens havíem vist més, i ell m'havia continuat contestant els missatges amb monosíl·labs i emoticones. No entenia que estigués tan esquerp per un petó, ni que li hagués deixat d'interessar parlar amb mi. Em semblava una absurditat haver-me de disculpar. Em passava les tardes amb la Lena, que em deia que allò del Quim hauria estat una història massa totxa. Ella als matins feia de cangur de tres nenes petites. Se les enduia a la piscina i els omplia el cap de trenetes i els pintava les ungles dels peus de color groc. Tenia una paciència de santa i no les havia de renyar gairebé mai. Quan se'n cansava s'apartava una mica i fumava mirant amunt, però abans els feia posar els dits índex ungla contra ungla i els passava el seu pel mig per fer el jurament: no explicar als pares que havia fumat davant seu i no fumar mai de la vida quan es fessin grans. Va ser la meva última setmana a la biblioteca, vaig robar-ne dos llibres de cinema. Els matins se m'havien fet llargs, i com que arribava sempre amb els cabells mullats, l'aire condicionat se'm ficava a l'orella dreta com un martellet. Mirava reels de «No viajes a Japón sin saber esto». Amb la Lena vam comprar a Amazon *País de neu* i *La casa de les belles adormides*, de Yasunari Kawabata. Jo ja sabia que ella se'ls llegiria a mitges.

M'avorria, sense el Quim. Havia quedat buida de l'esforç per agradar-li, de tot el que li volia explicar. Em coïa, semblava com si tingués el tors ple de tallets fets amb una fulla d'afaitar i em picaven segons com movia el cos. Estava escantonada, em sentia lletja, amb la barbeta plena de granets. L'avi deia que si es banyava massa al llac es marejava i s'estava tot el dia adormit a la butaca. No anava gaire al garatge, on se solia distreure traient i posant les eines a lloc, i no em deia gaire cosa i això volia dir que no em donava gaire pel sac. I jo encara m'avorria més. Vaig tornar a mirar *Contes de Tòquio*, em sentia com aquells vellets desubicats que no saben estar-se a la ciutat i no encaixen gaire enlloc. La Lena em tenyia els cabells i em feia mascaretes naturals que veia per YouTube i jo me les deixava tota la tarda a la cara: ou i llimona, iogurt i cafè, mel i canyella. Penjava fotos a Instagram amb la cara empastifada i un piti a la boca. Ella feia vídeos a TikTok ballant. Sabia moure's com una gata, la Lena. I quan ballava feia cares, sabia ballar amb la boca. Vam descobrir una nova addicció: els vídeos de professionals que netegen catifes. Era impressionant la merda que n'arribaven a treure i com ens hipnotitzava mirar-los. I el més important que fèiem era organitzar el viatge al Japó.

–L'any que ve ens busquem un curro, tia, a la uni ho podrem fer. Haurem d'estalviar a sac.

Hauria d'estirar-la, però si li insistia i portava la iniciativa, marxaríem juntes i seria l'hòstia.

Una nit de finals de juliol, el vaig veure que passejava amb el gos. Jo havia sortit a llençar les escombraries i a fumar un porro, ja portava la samarreta del pijama. Caminava tan tranquil, arreglat fins i tot, quan se suposava que anava de qualsevol manera. Duia el gos del primer dia. Puto Quim. M'hi vaig apropar per darrere.

–Ei.

–Hòstia! M'has espantat, tan silenciosa.

Juraria que es va alegrar de veure'm aparèixer.

–Estàs desaparegut, eh.

–Ja... És que han anat venint i marxant amics al mas. Tu què tal?

Li vaig dir que havia acabat a la biblioteca, que no havia vingut a veure'm, que el meu avi estava fluixet, i també que s'ho havia currat molt separant els tios de la baralla... Vaig treure el meu millor arsenal dialèctic i vaig repassar totes les pel·lis que havia vist últimament.

–Yasujiro Ozu col·loca la càmera sempre l'altura d'un adult assegut en un tatami. És una manera de mirar-se el món, suposo.

–Però és fort que t'agradi tant, aquest cine. És lent i complicat d'entendre i tan... Vull dir que ets molt jove.

Ell em va explicar que una de les coses més complicades d'incorporar el so al cinema va ser sincronitzar-lo amb la imatge. Es registraven i s'emetien per separat i era molt difícil activar-los exactament al mateix moment. Com nosaltres, vaig pensar, que feia dies que no anàvem a la una. Caminàvem seguint el gos, que era del Bernat i es deia Mos. El gos Mos. El Quim estava content. I jo li hauria cridat: «Per què cony vas deixar de parlar-me, imbècil?». El «per què» sempre com una tortura contra l'amor propi. Semblava que hagués oblidat que havíem tingut converses de xat que podien omplir un llibre de la mida de la Bíblia. Ens vam asseure en un banc de cara a uns adossats pijos en construcció. Em vaig fer el porro i me'l vaig fumar amb parsimònia, notant molt la calma a cada múscul del cos. El Quim va dir que el tastaria i el gos perseguia una panerola que corria cap al reixat de la claveguera.

–No em vas dir que no fumaves?

–Un peta sí, quan estic així molt a gust.

Li anava passant el porro fregant-li tant com podia els dits de les mans. Ell es deixava fer, com si no se n'adonés. Em vaig tocar els granets de la barbeta, ho feia inconscientment. Ell em va mirar i li vaig dir que m'havia de venir la regla, com per justificar-me. M'hi va passar un dit, amb l'ungla quadrada, i jo l'hi vaig agafar, me'l vaig acostar a la boca i me'l vaig fregar suau pels llavis una mica oberts. No el volia espantar més, no volia que fugís.

–No està bé, Gabi...

–No, està fatal, podria ser delicte.

Va apartar la mà.

–Joder, que no t'estic obligant a res, Quim, tio.

–No, però no està bé. Prou.

Em mirava buscant alguna cosa que se m'escapava.

–No tornis a dir que no està bé.

I mentre jo deia això, em va agafar pels cabells i em va fer un petó a la boca. Em va abraçar, em va ensumar el coll, em va petonejar els granets de la barbeta i em va resseguir les clavícules amb els llavis. Jo sentia, barrejat amb el gust de la saliva del Quim, el triomf absolut, la victòria de la meva carn contra tothom. I vaig voler que no parés, que se'n penedís, que no hi pensés, que no se n'a Que allò continués tota la nit i tot el matí perquè li guardaria el secret, li faria desaparèixer la culpa, era una adulta decidint, donant i rebent. El Quim em va agafar la mà, em va portar a un tram de carrer on la meitat de fanals no funcionaven i estava pràcticament a les fosques. El gos ens seguia, conformat, un còmplice d'ulls caiguts i un pam de llengua fora. Ens vam parar al costat d'un Peugeot blau elèctric amb la porta del copilot abonyegada. El desig regalimava, no el podies aturar. Però, tot i aquella urgència que sentia, en ell hi havia una contenció, un fre que jo havia de rebentar. Li vaig dir que no parés.

Em va preguntar si vindria algú. Estava segura que no. Em va fer seure al capó i em va treure, primer, la sandàlia dreta, després l'esquerra, i les va deixar a la vorera. Vaig notar el fred brut de l'asfalt i em vaig posar de puntetes. Ell, molt lent, amb molta delicadesa i sense deixar de mirar-me als ulls, em va apujar a poc a poc la samarreta de cotó ampla i llarga. Després em va treure els pantalonets, unes malles curtes arrapades al cos, em va abaixar les calcetes i ho va deixar tot ben plegat sobre les sabates. Em va fer estirar al capó i es va agenollar a terra, encara mirant-me. Em va obrir les cames i se les va penjar a les espatlles. Després va deixar de mirar-me als ulls i em va enfonsar la boca.

El gos bordava a un llangardaix. Jo mirava el cel, negre i espurnejat, fins que vaig tancar els ulls i vaig pensar que em moria una mica, exultant de tant de poder.

PRINCIPIS D'AGOST

Quan em banyava no tancava mai els ulls. N'havia après als cursets de la piscina als estius per no topar amb el nen que es tirava abans que jo. No podia entendre la gent que nedava al mar, al llac o en una piscina qualsevol amb els ulls tancats, en una penombra perillosa, movent braços i cames completament a cegues i perdent-s'ho tot. Jo els obria encara que no veiés res o que només veiés sorra remoguda i després anés tot el dia amb els ulls plens de teranyines vermelles. Els tenia delicats, la meva mare sempre m'ho havia dit. Delicats i bonics, de la forma i el color d'una ametlla torrada. Això els moments en què aconseguia relacionar-me amb ella sense fer-li venir ganes de trencar la vaixella. Quan estava a les bones, em deixava que triés unes ulleres de sol cares a la botiga. De les altres no n'havia hagut de dur mai. I de petita m'hauria encantat. M'agradava anar a l'òptica de la mare i jugar a fer que era una nena miop. Jo me la mirava, amb la bata blanca, com una carnissera polida que no toca greix ni carn i que només treu ulleres rodones dels calaixets i les sosté pel pont nasal. Anava dient les formes de l'una i de l'altra, les de pasta, les metàl·liques, aquestes afavoreixen molt. Deixava que me les emprovés totes. Quan jo me les treia les anava apilant amb cura al taulell, decorat amb un cobretaula de pell verda amb el logo de la botiga.

Quan estava inspirada, la mare deia que la seva feina era molt simbòlica. La veritat és que a vegades era una flipada que feia vergonya i tot. Amb aquella cara d'«ara explicaré una cosa interessant». I es posava a parlar de la mirada, el punt de vista. Tot depèn de com t'ho miris, tot té un revers. M'hauria encantat saber què en pensava, del que teníem amb el Quim. Sempre hi ha perspectives que t'ho capgiren tot, pensava jo. A més, la mare, de jove, una mica tard per a la seva època, havia sigut una hippy que havia defensat l'amor lliure i que havia viatjat a Eivissa amb uns amics i havien dormit a les platges. I no en donava més detalls, però no era difícil imaginar-se'ls.

Quan vaig començar a sortir i a tenir històries amb gent, a casa el pacte tàcit era que no els mentís, però que no calia que els donés detalls de què feia. Tot això, és clar, amb unes prèvies i estructurades conferències d'educació sexual basades en quatre pilars: consentiment, plaer, mètodes anticonceptius i pornografia (en aquest últim punt, l'Ernestina m'havia fet les primeres classes). La mare en parlava explícitament aguantant-me la cara de mandra absoluta d'haver de passar per allò. I el pare s'havia volgut morir de vergonya cada vegada que sortia el tema. Sí, és clar, aquest vers d'Ausiàs March l'hauria pogut dir jo i tot, «La carn vol carn», aquí va ser previsible, el papa. Jo deia que dormia a casa de la Joana o de la Lídia i no era cert. Vivien més tranquils així, era una mentida còmoda per a tots. Només una vegada que m'havia quedat sense coartada els havia hagut d'escriure que dormia a casa d'un amic i que estava bé i que no patissin gens. Però al matí, quan vaig arribar, me'ls vaig trobar entaulats amb l'esmorzar i vaig desxifrar les seves cares, que a la vegada intentaven examinar el meu cutis de persona acabada de follar, i vaig pensar que allò ho havia d'evitar tant com pogués. A vegades en parlava, només amb la mare, i li explicava alguna història que havia tingut, però sempre mesurant molt bé les paraules.

No li havia dit res del Quim. Ni a ningú més, tret de la Lena (fil per randa), a l'Aran i el Martí (bastant resumidament), i a la Lídia i la Joana. A elles els ho havia explicat en unes notes de veu amb detalls més fabulats que reals (com si pràcticament ho haguéssim fet oficial), perquè jo hauria tingut ganes de cridar als quatre vents que m'ho feia amb aquell tio tímid i guapíssim del Mas Brufó, que era gran i que es dedicava al cinema.

Des d'aquell vespre al carreró, pràcticament no havia passat ni un dia que no ens veiéssim. I pocs sense que folléssim dins el cotxe o fora el cotxe, que aparcàvem als boscos ombrívols i en racons de camins de carro, sempre amb el paisatge immòbil i verd, amb les fulles gruixudes de les sureres tocant-nos el vidre o la pell, havent-nos d'espolsar després la terra i les formigues dels cabells i de l'esquena. Em quedava enganxada a la pell l'olor de suor i del desodorant de la seva aixella.

No vaig poder mantenir gaires dies la mentida que tenia vint anys i que estudiava cinema. Segurament va ser més aviat que no vaig voler. Hi havia alguna cosa de massa important, en aquella mentida. Era gairebé com mentir amb el nom, i la veritat és que moltes vegades tenia por de descuidar-me'n i de fer algun comentari que em delatés. L'hi vaig dir mentre tornàvem al poble, un vespre després d'acabar adormits al seu cotxe amb les quatre portes obertes a més d'una hora de Belldoc. Sempre anàvem bastant lluny per evitar que la gent ens veiés i parlés. De fet, quan quedàvem ens trobàvem al carrer poc transitat del primer dia, i fins que no érem a la carretera m'amagava doblegant el cos sobre les cames perquè des de fora del cotxe no se'm veiés. Quan en parlàvem, dèiem que hauríem pres unes precaucions semblants amb qualsevol rotllo que haguéssim tingut, que allò no era una cosa seriosa ni formal, ens divertíem junts i ja està, i no calia que ningú ens veiés i comencés a xerrar. Però la veritat és que jo havia tingut anades i vingudes amb nois i noies que tenien cotxe i mai m'havien dit que m'amagués amb el cos contra els genolls al seient del copilot.

–No tinc vint anys.

Me'l vaig mirar seriosa. I vaig seguir.

–No sé si ja t'ho pensaves o no... En tinc divuit.

El Quim callava, concentrat a la carretera, i vaig veure com serrava les dents i se li marcava la muntanyeta del múscul a la galta.

–Quim... va, si us plau.

Muntanyeta a la galta, tota l'estona. No pensava dir res?

–Joder, no hi ha cap diferència... Tinc divuit anys, soc major d'edat, jo decideixo que vull estar amb tu. Vaig venir a buscar-te. He consentit sempre en tot. M'agrades, m'encantes. Quin és el puto problema? Et vaig dir que en tenia vint perquè vaig pensar que si no potser no em voldries conèixer, no ho sé. No és tan important.

No em mirava. De fet, semblava que després de la primera frase havia deixat de ser allà dins.

–Soc així, com em veus. No crec que hagi de ser tan determinant el moment en què em va parir la meva mare. És un fet, una dada sobre mi, com que tinc una piga a la panxa o un peu una mica més llarg que l'altre.

–Et porto a casa.

No va dir res més. Per la carretera corria més que de costum i no agafava bé els revolts. Tenia la respiració entretallada.

Aquesta va ser tota la conversa que vam tenir sobre el tema de l'edat. Era evident que per a ell era un problema. I li vaig conèixer la mania de serrar fort les dents quan s'enfadava.

–Baixa.

Va estar dos dies sense parlar-me, el cabró. Però jo estava convençudíssima de tots els arguments que li havia donat. I sabia que al final ell els entendria. I va ser així.

MITJANS D'AGOST

La Lena ja m'havia demostrat que estava molesta. Hi anava menys a dormir perquè ja no passàvem el dia juntes. I perquè a vegades, a la nit, quan li escrivia «Vinc?», ella no contestava i l'endemà em deia que s'havia adormit i no havia llegit el missatge. Quan hi anava la buscava, l'abraçava, però la Lena era lluny, sempre mig adormida, havia decidit mostrar el seu menyspreu en forma d'una fingida i profunda somnolència. Vam tenir un moment crític quan la vaig utilitzar d'excusa perquè amb el Quim volíem passar la nit fora (no era la primera vegada i li vaig prometre moltes cerveses i li vaig jurar que jo faria el mateix sempre que m'ho demanés), però el meu avi em va descobrir i es va enfadar perquè m'estava a casa seva com si allò fos una fonda i a sobre encara li mentia. Va ser un error de càlcul bastant important: li havia dit que seria tota la nit a casa la Lena, però a quarts de deu el senyor Maurici es va quedar sense pa, va anar al bar de la plaça perquè n'hi venguessin una barra i se la va trobar amb una colla en una taula i un escampall de mitjanes. Ella li va haver de reconèixer que jo havia quedat amb un amic, però el desconcert inicial i els dubtes a l'hora de contestar van fer que l'avi pensés que potser m'havien raptat o ves a saber què, i de l'espant del moment es va enfadar amb la Lena, que es va enfadar amb mi i em va dir que era una egoista i que no li tornés a demanar més una cosa així perquè l'obligava a quedar-se tancada a casa.

–Si tu et vols estar tot el dia amb el pureta, okei, però a mi no m'hi fiquis.

Quan va haver passat tot i el meu avi ja no estava enfadat, vaig riure i li vaig dir moltes vegades que era la meva Leni, que era la més guapa i que em demanés qualsevol cosa. Però, a banda de la somnolència, a partir d'aquell dia la Lena va integrar a la cara, exclusivament per a mi, un aire d'ofesa i desconfiada que em fotia dels nervis.

–Encara vols venir amb mi al Japó o no?

I ella callava. Jo ja la coneixia i sabia que li havia d'aguantar aquestes coses, i que sempre ens arreglàvem.

El problema amb el Quim era que teníem ganes de dormir junts i llevar-nos junts. Sopar al llit, mirar una pel·lícula. I de cop semblava que tot es reduís a poder-ho fer o no. Pensàvem que era millor no anar gaire al Mas Brufó, sobretot els moments que hi eren els seus tres amics i la nòvia d'un d'ells. Alguna nit havíem anat a un hotel. En realitat no hauria passat res, per anar al mas. Un dia que m'hi vaig acostar per fer un piti, va sortir el Bernat i vam parlar una estona dels seus viatges. Era un bon tio. Però el Quim no volia donar explicacions, per a ell tot era més complicat. Semblava que sempre haguéssim de demanar perdó, i justament això ens feia créixer les ganes.

La veritat és que, quan hi pensava seriosament, no creia que n'estigués enamorada. A vegades tenia la sensació que era un check més a la meva llista d'experiències que aniria a buscar sense pensar-m'ho. No em feia por patir (no la tenia mai, aquella por). Era el contrari, era com quan treia el cap després d'haver estat molta estona dins del llac, una serenor, una indulgència. I estava completament segura que el ritme del camí el marcava jo. Quan follàvem i el tenia a sobre, i li mirava la vena del mig del front inflada, pensava que el que m'havia agradat tant eren aquells braços i aquella boca obstinats a donar-me protecció. Perquè jo en aquell moment estava seguríssima d'una cosa: no necessitava ser protegida.

El Quim va anar a Barcelona uns dies per feina i per visitar la seva mare i jo vaig tornar una mica a les rutines d'abans. Vaig aprofitar per anar amb la

Lena al llac i després amb el Martí i l'Aran, tots quatre, a menjar frànkfurts a dos euros i mig i beure quintos en una terrassa mentre buscàvem algun pla que valgués la pena. En part també els enyorava, encara que se m'acabessin fent avorrits. Quan sortíem de festa era sempre una cursa contra la nit i no en teníem mai prou. Vam acabar en un antre de mala mort a Torraina, a mitja hora en cotxe, un poble una mica més gran que Belldoc, amb un passeig ple de botigues de barrets de palla i biquinis. Vaig ballar molt, aquell dia. Em sentia superior a tot déu. Hi ha dies, quan et sents així, que és com si portessis un viatge de droga o com si t'haguessis empassat el teu propi ego. El cap m'anava ràpid, ells reien a cada comentari que feia. Vaig ballar i parlar molt amb un guiri d'Irlanda del Nord només perquè em venia de gust practicar l'anglès. L'Aran també parlava amb un estranger. Amb la Lena teníem la teoria que ell perdia el cul pels nois de fora. Ella i el Martí seien en una taula de la discoteca i a cada mitjana augmentaven un grau el cinisme de les bromes. Vam haver d'esperar que fossin les sis per marxar perquè conduïa jo i havia estat bevent fins a les quatre ben bones. Vam fer temps, ens vam banyar a la platja amb l'aigua negra, vam comprar unes hamburgueses d'un McDonald's dels afores i vam dormir una estona apilats al cotxe. Vaig estar hores amb el mòbil sense bateria. Primer va ser com anar pel món sense un braç, una cosa raríssima, però amb el quart cubata vaig oblidar-me'n. No el vaig tornar a encendre fins al matí, a casa. Vaig veure que tenia missatges del Quim. Em deia que havia descobert una botiga especialitzada en pòsters de pel·lis japoneses al carrer Tenor Masini. I també deia:

–T'enyoro molt.

I em va fer venir un punt d'amor barrejat amb una mica de llàstima. Perquè, si era sincera amb mi mateixa, havia de reconèixer que jo no l'havia enyorat, que pràcticament no hi havia pensat en tota la nit.

22 D'AGOST

Mentre xuclava caps de gamba en un restaurant amb vistes al mar on m'havia portat el Quim, es va morir el meu avi. Era a casa, al llit. Vam deduir que s'havia estirat després de dinar i ja no s'havia pogut aixecar. L'havia vist al matí, havíem esmorzat tots dos i havíem menjat magdalenes integrals que ell havia trobat una mica seques per culpa de la calor. Ho vaig recordar després, quan vaig intentar resseguir la conversa de l'esmorzar per veure si havia fet o dit alguna cosa que hagués pogut ser un senyal. No havíem parlat gaire, recordava alguna frase barrejada amb les dels altres dies.

–Aneu tot el sant dia amb això als dits...

Perquè jo no parava de mirar el mòbil per parlar amb el Quim.

També havia dit que estava una mica marejat, però això ja li passava, els matins, i no me'n vaig preocupar. No vaig arribar fins a quarts d'onze de la nit. Vaig anar a la seva habitació a dir-li que ja era a casa, era el pacte que teníem quan arribava abans de les dotze (perquè ell s'estava fins a les dotze amb el televisor de l'habitació encès hi fessin el que hi fessin). Però vaig veure que la tele estava apagada i que no s'havia ficat al llit. De seguida que m'hi vaig apropar em vaig adonar dels ulls oberts i del color de la cara. Vaig trucar a la mare, vaig trucar a una ambulància.

–Crec que el meu avi s'ha mort.

I vaig ser conscient de dir «crec» tot i tenir-ne la certesa absoluta, perquè encara no era capaç de pronunciar-ho. Això va fer que primer arribés una ambulància, que de seguida en va certificar la defunció. Després la policia, la porta oberta de casa, veïnes que entraven i sortien. Els meus pares van arribar tan de pressa com van poder. Encara sort que ja havien tornat d'Itàlia. Em vaig estar més de dues hores sola amb tot aquell merder de gent estranya a casa, que em tractaven amb condescendència, veient-me aclaparada i donant-me un copet a l'esquena cada vegada que em posava a plorar en un racó tapant-me la cara amb les mans que em feien olor de gambes a la planxa. Veia el meu avi immòbil al llit i pensava com havia pogut estar acumulant aquella muntanya de clofolles vermelloses al plat, el doble de les que s'havia menjat el Quim, i bevent cervesa sense que notés res a l'aire, cap neguit, alguna cosa que em fes pressentir el que havia passat. El cos de l'avi em feia pensar en la pel·li de

Yojiro Takita i el protagonista que treballa de netejar i vestir els difunts per a l'últim comiat. Pensava en com li cauen les llàgrimes sobre el mort, al final, mentre l'afaita i li col·loca bé els dits rígids de les mans.

Els metges de l'ambulància havien dit que no s'hauria pogut evitar. Però també vaig veure com defugien les preguntes més insistents de la mare sobre què hauria passat si hi hagués hagut algú amb ell. És difícil, al final, preveure amb exactitud com s'esdevé una mort tan sobtada. Aquella, a part de ser certa, era la resposta que funcionava a tothom, la resposta que hauria donat qualsevol amb una mínima empatia. L'avi era mort i no servia de res dir a la família que si hi hagués hagut algú a casa s'hauria salvat. Vaig buscar «ictus» a internet i vaig trobarne molta informació. I una idea clau: a cada minut que passa, les possibilitats de recuperació minven. Havien passat més o menys nou hores des que l'avi havia dinat i havia pujat a estirar-se fins que jo havia arribat a casa. Nou hores és molt de marge. Cinc-cents quaranta minuts. Si hagués arribat al minut cent vint potser s'hauria pogut recuperar, o fins i tot al minut dos-cents cinquanta. Però no al cinc-cents quaranta. La Lena em deia que potser la recuperació hauria estat molt complicada, hauria quedat invàlid, no hauria pogut parlar bé i hauria pensat que aquella vida no valia la pena i més hauria valgut morir-se. M'imaginava l'avi ofegant-se i cridant-me.

Me l'imaginava trobant-se pitjor i no trucant-me per no espantar-me. M'imaginava l'avi pensant que es moria sol i amb por.

La culpa se'm va enganxar per dins. Em pinçava racons que no sabia com curar. El consol era tornar-hi, pensar-hi tota l'estona, tenia al cap les imatges de quan havíem esmorzat, del dinar, de l'avi pujant a estirar-se. I anava passant per cadascuna, com si pensar-hi molt fos el preu que havia de pagar per la culpa. El Quim em deia que així només furgava la ferida. Aleshores recordava que de petita l'avi em renyava quan m'arrencava les crostes dels genolls. Trigaven setmanes a cicatritzar. El que no li havia dit mai era que me les arrencava per menjar-me-les, que eren cruixents, com si mengés pedretes de sorra amb un regust llunyà de sang dolça, que devia ser el gust que feia jo per dins.

L'enterrament va ser al poble, però molta gent no va poder venir perquè a l'agost bona part dels habitants de Belldoc són de vacances a altres bandes. Necessitava molt que el Quim vingués, necessitava estar amb ell. Vam anar al llac, de nit. I vaig anar al Mas Brufó. Hi havia el Bernat, que no va saber gaire com reaccionar quan em va veure entrar. Vaig plorar molt, vaig abraçar el Quim i vaig demanar-li si us plau que vingués, que estava molt trista. Però em va dir que no podia, que en teoria entre nosaltres no hi havia cap relació, que ell era un barceloní que havia llogat la casa i que havia aparegut al poble per primera vegada aquell estiu, que ni tan sols ens havíem deixat veure com a amics. I venir a l'enterrament era fer obvi que hi havia alguna cosa que faria que en parlessin, que faria que el protagonista no fos el meu avi. I seria injust. Quan ho deia s'ofegava una mica. Hi vaig discutir fort, malgrat tota aquella pena (o potser, justament, per tota aquella pena). És clar que entenia què volia dir. Però necessitava que sortís un cony de moment d'aquella prudència insultant. Que digués m'és igual tot, seuré a l'últim banc de l'església perquè sé que és important per a tu. Perquè sé que és una merda i jo t'ho faré una mica més fàcil. Vaig plorar i cridar com si, de cop i volta, que ell vingués a l'enterrament pogués fer que el meu avi tornés a la vida després de dos dies entre els morts. I perquè m'adonava d'una cosa: la protecció que em donava el Quim no sortia del nostre àmbit exclusiu i privadíssim. Hi havia uns límits, el cotxe, el poble, l'habitació quan no hi havia ningú i jo travessava de pressa l'entrada del Mas Brufó, les trucades telefòniques. Llavors vaig pensar què faria ell si, per exemple, m'atropellava un autobús al mig de la plaça amb tothom allà, o si m'ofegava al llac a l'hora de màxima aglomeració. Correria a fer-me el boca a boca? M'acompanyaria a l'hospital o dissimularia davant de tots? Pensava coses ridícules per arribar a la conclusió que el Quim no era valent. I això me'l feia petit i vulnerable. Tenia por, ell.

I jo no en tenia gens, m'era igual el que poguessin pensar o dir. El Quim al final em va dir que vindria i que es quedaria dret a l'entrada de l'església.

La realitat probablement era que l'avi havia agonitzat estirat al llit, i que només havia pensat molt al final, just abans de perdre el coneixement, que allò devia ser la mort. Segur que es va plantejar de trucar-me a mi o a una ambulància, però primer li devia semblar innecessari i després ja no s'havia vist amb cor de moure's fins al pis de baix a buscar el telèfon. L'atzar, movent fils des de dalt, havia fet que jo obrís la porta de casa quan ja feia més de cinc hores que el senyor Maurici havia deixat de respirar. Havia estat mala sort.

Pista 8. Com fer maionesa sense que es talli, explicat pel meu avi (l'últim àudio que li vaig gravar).

El funeral va ser preciós. Trist i preciós. Jo vaig llegir un text sobre anècdotes de quan era petita i va sonar «Always on My Mind», de l'Elvis Presley, perquè un dia l'avi ho havia comentat. No sabíem si de broma o no, però vam pensar que allò l'hauria fet feliç i que era l'única informació que havia donat sobre com volia que fos el seu enterrament. Hi havia els tiets i unes cosines llunyanes amb qui no em portava gaire bé, totes formaletes amb vestits de fil cars. Quan podia girava una mica el coll per veure si veia el Quim i m'enfadava perquè no podia estar tan concentrada com volia amb el que deia el mossèn. Després vam dinar silenciosos a casa de l'avi. A la nit vaig voler estar-me sola tot i que la Lena insistia perquè anés a dormir amb ella. Vaig agafar les magdalenes seques de l'últim esmorzar, i vaig pensar que si podia menjar-me les mateixes magdalenes que havia menjat ell és que encara no érem tan lluny. Vaig fumar a dins de casa, mirant-me al mirall del lavabo, una cosa que feia quan estava molt trista o quan tenia ressaca.

Em notava l'estómac encongit, les clavícules marcades i unes ulleres fosques sota els ulls. De plorar, de dormir malament i de banyar-me amb els ulls oberts els tenia plens de teranyines vermelles.

El Quim no s'havia presentat a l'enterrament.

24 D'AGOST

Passa això quan mor algú: queda la figura d'un buit. Pots resseguir amb guix allò que no hi és a partir del que encara en veus. A casa tot era igual: la pinta al lavabo i les seves pastilles en una capseta sobre la taula de fusta on havia plorat desconsolat. Però ell no, ell com si en qualsevol moment hagués de baixar de l'habitació amb aquella olor de Talquistina. A casa ara hi havia els pares. No parlàvem gaire i era estrany i em feia venir ganes de cridar. A la nit vaig anar al llac a banyar-me. El Quim va venir per fer-se perdonar i abraçar-me amb la tovallola, però ni es va acostar a l'aigua.

Em va dir que l'endemà ens trobéssim al cementiri.

Va arribar amb uns crisantems blancs, que em va dir que era la flor que es fa servir al Japó als enterraments i que representa lleialtat. Em va petonejar la cara, els ulls vermells, la barbeta. Va deixar el ram on hi hauria d'haver la làpida, però que llavors encara era un tapiat de ciment i totxo ple de les corones de flors del dia anterior.

–No sé si li hauries caigut bé.

Era una manera de picar-lo. No em donava la gana perdonar-lo tan ràpid.

–Potser afaitat, no? Amb una aparença una mica més jove.

–Saps què creuen, els japonesos? Que quan més violenta és una mort més amunt del cel vas.

Li volia ensenyar el garatge de l'avi, que era a un parell de carrers de casa, una mena de taller on treballava. Li vaig explicar on era i vaig sortir primer del cementiri perquè no podíem travessar el poble junts. Era ple de pols, i hi feia calor i pudor de ranci. Al costat del meu cotxe hi havia la seva furgoneta, amb el seient encoixinat, i les eines perfectament penjades a les parets. S'ho vendrien tot i s'esfumaria l'ordre cartesià del senyor Maurici, que era feliç en un espai on cada peça tenia una casella. En un racó, tapades amb un llençol, hi havia una pila de bicis de mides diferents, representant el pas del temps en la llargada de les cames dels fills i els nets. Potser feia deu anys que els meus pares no hi posaven els peus.

–Quan jo anava amb aquesta bici tu ja havies acabat la carrera.

Començava el nostre joc. La nostra manera de dir-nos: en som conscients i això ens fa millors.

–Quan tu anaves en cotxet, jo ja conduïa.

Vaig fer un gest amb els ulls, impressionada, al Quim li costava més jugar.

–Quan la meva mare demanava l'epidural tu ja havies provat unes quantes drogues.

El Quim va dir que ell no s'havia drogat gaire. Però que d'acord. Llavors li vaig dir fluix a l'orella:

–Quan els meus pares eren nòvios i encara no s'havien casat, tu ja feia dies que te la pelaves.

No va continuar. Mentre ell em mossegava el clatell fort per darrere i jo em notava els tendons pinçats, veia les cadenes, els pedals negres, les barnilles trencades. I les rodetes grises que havien sigut blanques, de plàstic ratllat, de la meva primera bici. Ja l'havia perdonat. A més, després em va explicar que de petit es reien d'ell perquè era una bola i em va fer llàstima.

–Quan jo vaig néixer, quan jo sortia pel cony de la meva mare, amb qui només et portes set anys, tu ja hauries pogut tenir un fill.

SETEMBRE

L'estiu dels meus divuit anys va acabar el 22 d'agost. I durant aquells dies, i això potser ho recordo exagerat perquè estava trista, hi va haver els primers vents, la brutícia quedava arremolinada en determinades zones dels carrers: brics de suc, papers i boles inconcretes de pols i pèl. El final de l'estiu va ser la butaca de l'avi sense l'avi. Vam tancar la casa del senyor Maurici i vam deixar per a més endavant les baralles entre uns hereus que no es van saber posar d'acord en si la volien per anar-hi ells o si preferien vendre-la i fer-ne una casa rural. Vaig tornar a Barcelona i em va semblar que havia crescut cinc anys, com quan al gimnàs de l'escola ens penjàvem a les espatlleres i deien que podies estirar-te no sé quants centímetres. Em vaig gastar diners en llibres sobre cinema que necessitaria per a la carrera, altres me'ls deixava o me'ls comprava el Quim.

La primera vegada que vaig entrar al seu pis vaig pensar que era exactament com me l'havia imaginat: sofà negre, mobles blancs, tot netíssim i res penjat a les parets. No podies saber ben bé si era ordre o buidor. Hi havia un estudi amb l'ordinador i aparells pampalluguejant des d'on semblava que pogués controlar la llum de tots els pisos del barri, i una habitació gran amb un llit quadrat i una finestra al capçal que ens feia a la pell unes ratlletes de llum rectes i primes. Em va semblar que canviar d'escenari ens havia transformat lleugerament. Sortíem a sopar i a prendre cerveses. No ens havíem d'amagar tota l'estona i això valia la pena. A vegades la gent ens mirava. Encara hi havia febre pel cos de l'altre, però ja era diferent. Follàvem amb calma perquè coneixíem què ens agradava i perquè no érem a dins d'un puto cotxe amb les portes obertes patint per si passava algú. Em vaig adonar que em sabia de memòria la seva anatomia, la forma del melic, la direcció exacta dels pèls del pit o la textura d'unes estries del cul cap a la cintura. A vegades tan així, el Quim, una mica foradat. Semblava que el seu patiment estigués per sota d'allò que era visible, molt enfonsat.

–Quan estic nerviós em costa respirar.

Ja me n'havia adonat, la tarda que li havia dit que no en tenia vint. Un dia li vaig preguntar si ja no li importava, el tema de l'edat. Em feia la sensació que no.

–Tu fes-me cas, nena, que podria ser ton pare.

–Ja tardes a recitar coses en llatí.

Parlàvem del passat (jo menys, és clar), de la mala adolescència del Quim, sempre rabiós amb els seus amics, de quan va saber que la seva mare estava malalta i de coses normals, les notícies de la ràdio, la política, la guerra, la sequera. Ell se sabia el nom de tots els polítics. Teníem una manera tan similar de mirar que em semblava que havia de ser el destí o alguna burrada així el que l'havia fet arribar a un poblet de mil i pocs habitants perquè haguéssim de remar en contra del que hauria pensat tothom. Allò que en teoria no estava bé a nosaltres ens funcionava. De moment ens funcionava i prou.

Sí que pensava que hi havia moltes coses del Quim que no sabia. Una extensió de vida més gran, una pel·lícula de noranta minuts, no la meva, que era un curt de vint. El Quim era reservat sense ser callat, era d'una timidesa gens previsible, deia les coses segur, com si abans les hagués pensat molt, no el primer que li venia al cap. I quan no parlava el tenies concentrat en tu al cent per cent, com buscant quina era, sempre, la millor rèplica que et podia oferir. Suposo que també es basava en això, el meu interès per ell. Me'l mirava i intentava llegir-lo: si li agradaven les noies de la seva edat, si hi havia algú més a Barcelona que passés per aquell llit, que hi volgués sopar, algú amb qui tingués un lèxic tan precís que jo no el podria entendre. No és que ho volgués saber. No volia. No l'hi hauria preguntat mai. Però a vegades, mirant-me'l, mentre parlava o mentre dormia, o sobretot mentre feia coses aliè a mi, com ara tallar fuet en una fusta (que pràcticament no tastava i que em menjava tot jo) o parlar pel mòbil, intentava travessar-li el crani i entendre què hi havia en aquell cervell, quins compartiments l'ocupaven, què sentia de nou amb mi, què li havia fet mal. Què esperava i fins on creia que podríem allargar les tardes amb la casa a les fosques, fascinats amb les trames dolentíssimes de pinku eiga, el porno japonès light.

Un dia vaig arribar al seu pis i em va dir que només podia fer el que ell em demanés, sense parlar. Hi havia cables cargolats a sobre el llit, com si fossin estris quirúrgics.

–Despulla't.

I va deixar la meva roba ben plegada en una cadira. Em va tocar el tors, els ossos de l'estèrnum, la pell sobre els pulmons, el ventre, la pleura, entre la carícia i la inspecció. Després em va acostar l'orella al pit, buscant el batec del cor.

–Aquí.

Entre els pits m'hi va col·locar un micròfon petit, de forma plana com un botó, i me'l va enganxar amb una cinta adhesiva fina. Del micròfon en penjava un cable que arribava a una petaca amb una antena i un llumet que es va encendre quan ell va fer el clic amb els dits.

–Ara estira't.

I va guardar amb cura la petaca sota el coixí. Dret al costat del llit, com un infermer que prepara un malalt, es va posar uns auriculars i va dirigir els ulls a la finestra, concentrat en el so que li arribava i que venia del meu cos. Va somriure perquè funcionava. Llavors em va posar uns auriculars, i mentre me'ls posava em va petonejar els granets. Bum-bum i una pausa, bum-bum. Era el cor que em sonava clar i fort als timpans. El Quim es va estirar al meu costat sense treure's la roba, em va resseguir la pell vora el cable negre amb l'índex, va rodejar els mugrons i va acabar a la boca, bum-bum, bum-bum.

–Tu no et pots moure.

El sentia llunyà, aïllada en la meva pròpia palpitació. Faria només el que ell em demanés. Va venir a la boca amb la seva boca. Bum-bum, bum-bum. I a cada batec imaginava la riuada de sang embalada dins les ramificacions de venes, fines com els cabells vermells de la Lena, bum-bum, bum-bum. El Quim sabia perfectament què venia després de cada pas. Es va ficar tres dits a la boca, endintre, i se'ls va llepar ben llepats. Bum-bum, bum-bum. Després em va separar una miqueta les cames. Sabia exactament com havia de fer-ho, ens hi havíem passat hores. Bum-bum, bum-bum, bum-bum. Sabia a quin punt d'entre els meus plecs havia d'anar, a quin ritme començar i continuar, continuar, continuar, seguit i rítmic, bum-bum, bum-bum, bum-bum, prémer una mica per accelerar fins a tenir-ho a punt i després frenar, perquè tot el plaer retingut era seu, i jo esperava el seu permís com un gos que no treu la vista de l'amo i que només quan aquest l'hi ordena s'abraona al tros de carn. Bum-bum, bum-bum.

–No, encara no, encara no pots.

I amb l'habilitat de les mans d'un pianista m'allargava l'agonia del gairebé, bum-bum, bum-bum, quan el plaer que ha de començar es dibuixa al cervell, però encara no, encara és un tot capturat, un pes que ha de caure, bum-bum, bum-bum, l'esquerda que es bada i s'esmicola, el guix que cedeix, l'aigua que sobreïx i es comença a escampar primer per tots els plecs carnosos, després al ventre, al coll, a les puntes dels dits, als capil·lars i a la boca, a les galtes, bum-bum, bum-bum, bum-bum. Inundada del plaer que llisca com l'oli i que és tan ràpid que contagia cadascuna de les cèl·lules que ens fan. Bum-Bum, bum-bum, bum-bum. El so del meu cor en un micròfon, bategant tan de pressa que em feia vertigen, enviant tota la sang del plaer avall a cada estrebada, a cada bram que em sortia del moviment dels malucs i dels dits del Quim, que notava tan endintre que semblava que fos ell que em feia anar el cor al ritme que decidia. Dues vegades, tres. Bum-bum, bum-bum.

–En vols un altre, oi? Te'l dono.

Quatre. I jo amb els músculs tensos, durs com el vidre. Bum-bum, bum-bum, i una pausa, bum-bum.

Després es va estirar al meu costat, dues bestioles exhaustes, jo encara amb el micròfon posat.

–No et cansis de mi, Gabi.

L'hi vaig sentir dir fluix abans d'adormir-se.

14 D'OCTUBRE

Vaig començar el grau en Cinema i de cop la vida em semblava una puta meravella. Tot era interessant. Per fi, per fi, seure en una aula valia la pena. La majoria de professors en sabien moltíssim. Història del cinema, Guió, Muntatge, Posada en escena, Taller de producció. I jo anava fent pel meu cantó, llegia llibres i feia maratons de pel·lícules clàssiques. Amb el Quim també n'aprenia, els meus companys de classe no tenien la seva experiència. Però m'encantaven. Com vestien i els plans de futur que feien. Havien vist molt de cinema, parlaven de les coses més quotidianes amb la intensitat dels poetes maleïts, i jo hi encaixava a la perfecció, era com una eina penjada per fi en un espai concret del garatge del senyor Maurici, que, per cert, havíem posat a la venda al mateix moment que la casa. A l'octubre vaig créixer encara més, em va acabar de caure la pell vella, amb tota la gent que apareixia a la meva vida, les hores de bar i les nits babèliques. La Lena m'havia escrit.

–Flipo que la cosa encara duri amb el pureta.

Havia començat Dret i vivia en un núvol. De moment feia el trajecte Mataró-Barcelona, però ja buscava pis i cada dos per tres em deia que anéssim a viure juntes.

–Hem d'estalviar per al viatge al Japó, eh.

La Joana i la Lídia van veure el Quim una vegada. La Joana ja no estava emprenyada amb mi perquè deia que el noi aquell amb qui s'enrotllava era un cabró que només l'enganyava. Això va estar bé. Tenien molta curiositat per veure en directe el meu rotllo que era tan gran. I jo volia que el conegués tothom. Volia presumir d'ell, que veiessin que era real i que era meu. Ho vaig preparar, els vaig enviar la ubicació del bar de Sants on havíem parat després d'anar a mirar pòsters a Tenor Masini. Elles van fer veure que hi passaven per casualitat perquè anaven a una botiga de roba de segona mà, i hòstia què tal, què feu, bé, per aquí, mira quina casualitat, te n'he parlat molt, d'elles, i a vosaltres també del Quim, nenes, va, fem una birra. Ell va ser encantador. Va fer bromes, els va preguntar què estudiaven, va escoltar les nostres anècdotes de l'institut, que explicades no tenien cap gràcia. Si volia era el millor.

Després elles em van dir que els havia agradat molt i que era gran però que estava bo. I el Quim que semblaven més joves que jo. A mi em passava una mica igual, mirava l'edat dels professors i alguns que eren més joves que ell em semblaven més grans. En aquell moment el Quim tenia l'edat de: Chris Evans, Beyoncé, Britney Spears, Adriana Lima, Natalie Portman, Justin Timberlake, Paris Hilton o Nicky Jam. Semblaven uns vells, al seu costat.

El 14 era divendres i vaig sortir abans de la universitat perquè el professor de pràctiques de Narrativa audiovisual estava de baixa. Amb el Quim sempre dèiem que m'havia d'ensenyar l'empresa, però no ho fèiem mai, així que vaig aprofitar que no tenia classe i vaig anar a Sonema. Creia que podia anar-hi, que no passaria res. Vaig dir al porter que coneixia un dels directors. Només entrar el vaig veure parlant amb un altre noi al vestíbul i em vaig adonar que havia sigut una mala idea. Em va mirar i va fer muntanyeta amb el múscul de la mandíbula.

–Què tal, Gabriela, què fas per aquí?

Vaig veure que feia un paper.

–Bé, he passat de casualitat i he pensat que et faria il·lusió que et saludés.

No va dir que sí, no va dir res.

Em va ensenyar les sales i els equips. Hi havia molta gent, noies i nois joves de pràctiques. Tothom davant de les pantalles. Jo ja el coneixia, no era que estigués enfadat, era que l'incomodava el que se sortia del previst i ens posava a la vista de tothom. No hi vaig veure el Bernat ni cap dels nois que s'havien estat al Mas Brufó. Se'ns va acostar una noia de cabells curts i tatuatges als braços. L'Eli. Me n'havia parlat una mica (i jo n'havia repassat l'Instagram).

–Quim, ja ho he enviat a postpo i diuen que ho han rebut bé.

Em va mirar.

–Hola, soc l'Eli.

–Sí, és la Gabriela, la meva cosina. Ara ha començat el grau de Cinema.

I zas, l'obertura finíssima que et deixa una catana.

Vaig intentar saludar-la amb amabilitat. L'Eli es va allunyar i el Quim em devia veure el puteig als ulls.

–És perquè no malpensin, Gabi, no és tan important, va...

M'ho va dir fluix.

–A més, no et pots presentar així, envia'm un missatge, podia no estar disponible.

Vaig aguantar-me la ràbia i no vaig dir res. Va acabar ràpid la visita i jo ni me'l mirava. Si ho hagués fet no m'hauria pogut aguantar les ganes de pegar-li. Vam dinar callats un menú car a prop de Sonema. El Quim respirava malament i a mi em semblava bé que s'ofegués una mica.

–No pots estar emprenyada per això.

–I tant que puc.

–I què vols que fem?

–Res, Quim, ja em passarà, joder.

–Mira, deixem-ho estar per avui, val? Tenia ganes que vinguessis, però m'hauries d'haver avisat. Ja ens veurem demà. O quan sigui.

Li havia comprat una novel·la escrita per una directora de cine belga, feia pocs dies havíem vist una pel·li seva sobre parelles fugaces, com es troben i es deixen durant una nit a Brussel·les, i ens havia agradat. No l'hi vaig donar mai, va ser la meva punició privada. Les cosines no regalen llibres amb dedicatòria.

6 DE NOVEMBRE

És impossible cansar-te de qui t'ha tocat amb una vareta i t'ha convertit en l'elegida entre tota una multitud idèntica. Agradar tant a algú que tenia vint anys més m'havia col·locat al primer lloc del podi i des d'allà, alçada, em mirava el món. El Quim hi era sempre, però no reclamava, no s'imposava, no exigia. I jo havia de viure el que se m'estenia al davant, havia començat la universitat. I ho vivia, i tant que ho vivia. M'hipnotitzava tot el que desconeixia i m'hi abraonava. A vegades dormia amb gent i passava les tardes en pisos compartits fumant porros i bevent cervesa i després calmant una gana de bàrbar amb croissants envasats. Era feliç, allà rient i cagant-me en el món, però era com si sempre sabés segur que no transcendiria. Amb el Quim el pacte era que no hi havia pacte. Però després ell era el lloc on sempre volia tornar, el recer confortable de la ressaca i l'espai íntim on la roba fa l'olor que coneixes. Moltes vegades pensava: això l'hi he d'explicar, això li encantaria, què cony diria d'aquest flipat?, això ell segur que ho sabria.

No ho havia pogut preveure.

Jo, que estava convençuda que sabia llegir la gent.

Em va dir que anés a casa seva. Em va obrir sense dir res per l'intèrfon i em va deixar la porta del pis ajustada. El vaig trobar a les fosques, estirat al llit, i vaig pensar que li devien haver donat una notícia terrible. Després me'n vaig adonar. En una bossa verda de plàstic hi havia quatre coses de roba meva, la pinta, una capsa de tampons i la crema dels granets.

–Gabi, ho sento. Ho sento tant... Ni sé com dir-te el que em passa.

I va començar a plorar. Un plor que veia frontal, directe. Vaig entendre quan al cine japonès els gravaven d'esquena. Plorava per mi. Però el sentia com un plor contra mi. De genolls a terra, petit al costat de les meves cames.

–Tinc la sensació que no, que ja està, que ho estem allargant i ho estem fent malbé. Que cada vegada ens separaran més coses i tu has de viure el que et toca. Has de fer la teva, jo no et puc frenar. Tinc tanta pena i estic esgotat perquè això ja no és com quan vam començar... Tot s'acaba convertint en una rutina previsible i nosaltres no ho volem, això, no et pot passar a tu encara. Em trenca pensar que no seràs a la meva vida... Però jo ja he estat al teu lloc i sé el que has de viure. I serà perfecte, serà l'hòstia... Tu no tens cap problema, tu ets meravellosa, és tot cosa meva, Gabi, t'ho juro. Ara potser et sembla que no, però el que havíem de fer junts ja està i he de deixar que agafis el camí que et toca i sé que en algun moment m'ho agrairàs i farem un cafè, d'aquí a un temps, i m'explicaràs que les coses et van de puta mare. A vegades he pensat que no t'hauries d'haver acostat a mi a Belldoc, que ens hauríem estalviat aquest mal... Però també ha valgut la pena, Gabi, o no? Deus pensar que no té sentit, però ho faig per tu, ja ho veuràs, ja te n'adonaràs. I seràs molt feliç... Ets meravellosa, Gabi. Serà una merda no tenir-te.

Semblava un nen desconsolat. Plorava i tenia la cara vermella i un gest estrany a la boca. Jo estava paralitzada i el cor em feia tremolar les costelles. Era l'inici del mal de tot el que havia de venir, el germen que comença una malaltia llarguíssima. No havíem parlat mai del que esperàvem, d'això anava. No el volia sentir.

I em vaig tornar boja.

Li vaig llançar a la cara la bossa amb les meves coses, vaig obrir els armaris i vaig arrencar els calaixos perquè en aquella puta casa buida no hi havia res per destrossar, vaig clavar cops de peu a les cadires, em vaig fer mal però no el sentia, em vaig estirar els cabells, vaig picar-li amb els punys tancats, al cap, a l'esquena, i després vaig picar a les parets.

Vaig cridar. Vaig cridar molt i després del crit va venir el plor. No ho volia. No, no, no, no, no... No em deixava, el Quim, no m'estava deixant. Se'm va acostar per calmar-me i li vaig escopir. Em vaig posar amb la cara a terra i vaig picar-hi amb les dents. Era tan fort que m'ofegava. Era tan cru que no volia obrir els ulls, com la gent que al llac i al mar els tenen tancats per por que l'aigua i la sorra els facin mal a les ninetes.

Jo, que em creia forta, ni ho vaig veure venir ni vaig saber contraatacar. No vaig saber fer les preguntes que tocaven. Vaig pensar en la mare, quan la treia de polleguera perquè jo sempre volia tenir l'última paraula. No li vaig saber demanar una pròrroga, ni que em deixés provar-ho una mica més, que féssim com si res, que hi hagués una altra vegada, uns quants dies per tornar a agradar-li com abans. Després, només una estona després, ho tenia tot al cap: ell no podia dir que ja havíem fet el que havíem de fer, era un egoista. Decidia per mi? Què cony sabia ell del camí que havia d'agafar? Vaig pensar que s'havia aprofitat de mi i que era un covard i un desgraciat. Que tornaria a buscar-me. Deia que seria una merda no tenir-me, però era ell qui ho triava. No ho vaig poder dir llavors ni l'hi vaig poder dir mai. Perquè després d'aquell dia va començar un hermetisme sever i implacable. Els missatges llargs demanant explicacions no tindrien resposta, i jo seuria hores al replà del seu pis, castigada com quan la mare em deia que no em volia veure. M'aprimaria i aniria a les classes absent, un autòmat que passa l'estona escoltant les veus de la gent com somnífers. Beuria més a les nits, ja no per ballar, sinó per pensar que m'oblidava d'ell.

Pista 9. Música forta i insults inintel·ligibles.

I «ciom t!odio fill de puta».

La seva foto de perfil ja era la bola blanca d'un cap rodó i un fons gris.

Una nit em recollirien d'un antre de Ciutat Vella, mig inconscient de tants cubates. M'adonaria, i la bilis calenta em pujaria per l'esòfag, que ell m'havia desbancat del podi, que m'havia desposseït del poder que em donava agradar-li. M'humiliava, que no em volgués. M'avergonyia. El Quim m'havia desprogramat i m'havia deixat defectuosa, amb les instruccions que devien ser als seus dits i als botonets dels seus micròfons.

Mai vaig sentir l'àudio del meu cor mentre em corria.

No m'hauria imaginat que m'impressionaria tant veure un home plorar.

Durant molt de temps vaig creure que el desconsol del Quim venia d'un lloc que jo era incapaç de comprendre.

Segona part:
Quim

6 DE NOVEMBRE

Sé que hi va haver un lapse de temps, uns segons, en què tots dos sabíem què passaria. L'hi vaig veure a la cara, com ho intuïa i com no volia que jo ho pronunciés. Gabi, pensava que t'ho hauries imaginat abans, fins i tot que ho esperaves una mica. Aquells últims dies de pocs missatges, d'anar cavant distància.

Em va veure al llit, només entrar al pis. M'ofegava.

–Però què et passa?

I després.

–No... no, no.

I es va tornar boja.

El que li deia no li agradava, i es va immolar. Els veïns devien pensar que ens matàvem. Hauria volgut posar-me uns auriculars de l'estudi i no sentir els crits de l'escena. Tenir-la amb el cap a terra i els cabells que li queien a la cara, però sense aquells brams que la feien quedar-se sense aire un moment.

Que difícil deixar algú. Que difícil fer-li mal a la Gabriela.

Per dintre m'ho anava repetint: no hi tornis mai més, no t'equivoquis així. Sempre has d'arribar fins al final per adonar-te'n i emprenyar-te amb tu mateix perquè ja ho veies venir. No suportava estar enfadat amb mi mateix.

Podia tirar enrere, com feia sempre, per explicar-me. Era patètic que ho fes, però no parava.

La primera vegada que vaig sentir que m'ofegava tenia vuit anys. Em vaig despertar de cop i vaig pensar que, igual que als videojocs quan als personatges els cau una pedra al damunt i els fulmina, jo no podria escapar de la mort. El meu pare era dermatòleg i va confondre l'ansietat amb una asma d'origen al·lèrgic. Quan em posava nerviós l'aire em quedava entravessat, i jo notava una pressió horitzontal que em fragmentava l'esòfag. Vam anar a un metge amic seu i va dir que era alguna cosa que menjava i que no m'anava bé. Em van fer una renglera de puntets al braç. Només tenia al·lèrgia als àcars. Va ser un consol estrany perquè els àcars poden estar a tot arreu.

Quan era petit no es parlava d'ansietat, i menys en els nens. Van passar anys fins que vaig entendre que aquell ofec me'l dictava el cervell. Als setze n'era un expert: Zoloft, Rivotril, Celexa. Res de cafè ni de Coca-Cola, «intenta fer exercicis de respiració», «que es cansi fent esport». Els que s'iniciaven en l'ansietat a l'adolescència perquè havien de triar carrera universitària i veien que no hi entraven eren uns aficionats al meu costat. Me n'havia fet el diagnòstic: l'ansietat em venia perquè em tenia ràbia a mi mateix. I me l'havia de treballar molt, perquè la duia enganxada per dintre com una capa de petroli. La mare, quan m'ofegava i el pare no era a casa, es posava molt nerviosa, em donava una bossa de paper i m'obria una mica el botó del polo. «Pensa en un mar solitari, pensa en les muntanyes i els ocells.»

La veia tan espantada que era impossible no espantar-me més i no ofegar-me més.

Puc seguir amb les justificacions.

Em tenia ràbia a mi mateix perquè, durant molt de temps, banyar-me en un llac o una piscina era exposar-me a un judici en què els comentaris dels altres eren navalles suïsses. No em podia mirar davant del mirall, ho evitava sempre, amb la pell estriada d'haver-se donat, o vestit als reflexos dels cotxes. Així no havia de veure que la panxa em queia per sobre la goma dels calçotets o que s'intuïa flonja sota la samarreta. Ara miro fotos de quan era petit i, sincerament, no era tan gras. Crec que devia tenir alguna mena d'anorèxia que em feia veure pitjor del que realment era. Per una banda, això: era una mica gras, però dins el meu cap ho era molt. Per l'altra: hiperhidrosi. Encara recordo com ho deia el pare, amb la seva pronúncia calmada de metge prestigiós. Jo suava com un porc. A totes hores, fes la temperatura que fes. Suava de les aixelles, i les rotllanes de suor s'unien amb les de l'esquena i les que em feien unes franges horitzontals a la panxa. Suava de les mans. Els fulls dels exàmens m'hi quedaven enganxats, la tinta de les llibretes s'escorria quan hi passava la mà. La suor entre les cames, que em fregaven, deixava una taca d'humitat a la cadira. Al meu cap, la quantitat de suor que generava era incomprensible. Intentava calcular quants litres de suor podia produir en un dia. Creia que molts. Imaginava que podia omplir una banyera sencera. La meva pell era com aquells vídeos de gent netejant catifes que em passava la Gabriela, litres i litres i litres d'aigua per fer-les netes. «No vull seure al costat d'aquest, es pixa a la cadira.»

Evitava les hores de piscina que fèiem a l'escola tant com podia, el meu pare em signava justificants de mals d'orella i de pell atòpica i així no m'havia de passejar en banyador ni dutxar-me davant dels altres. En realitat, els puc entendre. Jo hauria fet el mateix. M'allunyava de l'alumne malalt que va venir una temporada en cadira de rodes i que després es va morir. Em feien fàstic les seves dents, i les genives. Els nens són així. L'única que va tenir una mica de compassió va ser la mestra, però tampoc l'hi perdono perquè de la compassió no en fas res.

Hauria donat qualsevol cosa per una mica d'afecte, fins i tot hauria dit que suava tant perquè estava malalt i a punt de morir-me, com aquell altre nen. Però era poruc per mentir.

Estic convençut que podria reconèixer l'olor del cos de la Gabi entre centenars. Amb els ulls tapats: el coll, el clatell, el gust quan hi passava la llengua. De pera madura. Un punt dolç, un punt agre. La sort que tenia de petit era que la meva suor no feia una pudor excessiva. I era lògic. Amb la quantitat de líquid que expulsava, allò havia d'estar molt aigualit. Vam començar amb antitranspirants i medicaments per als nervis. Suava menys, però anava tot el dia amb la boca seca i el cap emboirat, i encara era pitjor. Finalment, cirurgia. No crec que s'hagin vist gaires nens entrant a quiròfan amb aquella il·lusió. Vaig deixar de suar tant, sobretot de les mans i les aixelles. Però no vaig deixar de ser el pop de merda perquè ja era igual que m'aprimés o que no sués, ja no podia canviar el que era. Això va ser després, quan vaig entrar a la universitat i vaig començar de zero. Els grams de proteïna calculats, evitar els hidrats. Cada nit feia recompte de tot el que havia ingerit i ho visualitzava ordenat en una safata de canelons. Sortia a córrer, feia abdominals. Tot això no explica res, però és un lloc fàcil on agafar-me. Faig constantment l'exercici d'analitzar-me. D'aïllar-me del soroll, de buscar raonaments del que dic, del que sento, del que no penso. Analitzar-te molt et fa tornar boig. La gent viu sense disseccionar contínuament els motius de tot el que fa.

El 6 de novembre la pena de fer-li mal em va esclatar a la cara. Havia pres la decisió feia deies. L'impàs entre decidir-ho i veure-la a terra amb el cap contra les rajoles va ser el que vaig portar pitjor. Ni trempava. «No passa res, Quim», i ella m'abraçava. No feia cap pregunta. Quan dic que era meravellosa vull dir això. Durant alguns dies (no van ser gaires) hi havia dos Quims: el que ja feia vida tot sol i el que encara en compartia una porció amb ella. La Gabriela. La meva Gabi. Dues síl·labes a la llengua, a la segona l'aire entre els llavis. Ga-bi. Era la millor, i encara li faltaven moltes coses per aprendre. Era divertida. Estava segur que acabaria sent algú important i potser ella també ho estava. Era diferent. Era molt dura, però a la vegada era tan jove. Era d'aquesta gent que diuen vull que passi això i dobleguen l'univers i aconsegueixen que passi. Perseguia, no afluixava, no se li trencava mai res a les mans. Era valenta, la Gabriela.

Per què la deixava? La veritat, no ho sé. Potser perquè allò ja no tenia sentit. Perquè m'agradava i alhora em feia sentir malament. Perquè vaig tenir por que es comencés a cansar del que li donava, i també era la por que tenia de cansar-me'n jo. Sabia que era el que havia de fer. L'últim dia que la vaig veure, el dia que va entrar a casa, tenia tanta ansietat que no havia anat a treballar. Tot el que li volia dir va sortir barrejat, un vòmit inconsistent. Em vaig convèncer que li estalviava un mal pitjor. Després, cada dia que passava sense agafar-li el telèfon, sense contestar els missatges ni escoltar els àudios que m'enviava beguda, sense obrir quan picava al timbre, encara que la sentís cridant al replà i trucant a la porta, sense baixar quan es presentava a Sonema i fumava a fora perquè el de seguretat no la deixava entrar, era una manera de salvar-la una mica. Ho faig per tu, Gabi, a hores d'ara ja m'ho deus haver agraït. Sabia que primer l'enyoraria. Enyoraria tot el temps que la vaig voler. Les bromes que feia. El peix vermell a l'esquena. Les cuixes. El batec del seu cor en un micròfon.

14 D'OCTUBRE

Hauria volgut ensenyar l'empresa a la Gabi un diumenge, quan no hi hagués ningú, i que pogués asseure's a les cadires i a les taules, mirar-se els pòsters de pel·lícules que hi tenim penjats i follar en una cabina de so per gravar-nos les veus. Però ella va aparèixer quan li va donar la gana i sense avisar-me. L'Eli res, a ella li va semblar perfecte que ensenyés l'empresa a la meva cosina. El Bernat la coneixia de Belldoc i quan la va veure entrar es va tancar en un despatx. Em deia que era una nena i que ell no en volia saber res. Era una nena només a vegades. Es va emprenyar molt quan vaig dir que era la meva cosina. L'hi vaig veure a la cara, quan ho vaig dir, i vaig tenir por que no es posés a plorar allà al mig.

La Gabriela tenia l'edat de Greta Thunberg, Olivia Rodrigo, Aidan Gallagher o Payton Moormeier. La majoria els vaig haver de buscar, no sabia ni qui eren ni perquè s'havien fet famosos a TikTok. Em van semblar molt joves. Amb les seves amigues em va passar el mateix. Van fer veure que ens trobàvem per casualitat un dia que anàvem a una botiga de pòsters, el dia abans ho havien planejat per WhatsApp. Quan la vaig veure al seu costat, explicant com si fossin qui sap què, les gamberrades d'una esquiada que havien fet a quart d'ESO, em va semblar que descobria una Gabriela que no tenia res a veure amb la que havia conegut a Belldoc.

A vegades, com el dia que la vaig deixar, jo no anava a la feina. M'havia passat el matí estirat al llit. Tenia migranya i mal gust a la boca. Havia vist no sé quants capítols de *The Office* per distreure'm. La Sara m'havia enviat una foto prenent un cafè amb llet a la cafeteria de sempre i no li havia contestat. Pràcticament no havia menjat res. M'havia pres un Lorazepam, m'havia adormit i havia deixat una taca grossa de saliva al coixí. M'havia despertat el soroll d'una sirena. Havia fet abdominals. M'havia dutxat. Al llarg de tot el dia només havia begut una ampolla d'Aquarius. La repetició de les quatre parets de l'habitació m'atabalaven, però era incapaç d'anar enlloc més.

Quan no anava a treballar, ningú no em preguntava res. Era el director, podia no anar-hi. El meu soci, l'Oriol, també feia els horaris que volia i molts dies ja era fora abans de les dotze. A vegades devien fabular i tot. Els podia sentir: «Té depressions...» (dins el meu cap ho deien en plural), «La seva mare no està bé i la cuida, per això no ve», «Està obsessionat amb fer esport i menjar sa». El millor de la feina era que, quan et posaves els auriculars, quedaves en un silenci absolut, aïllat de les veus, del caminar de la gent, del soroll de les rodetes de les cadires d'oficina. Quan només els veus i et pots fixar bé en els moviments de la boca i de les mans, són molt més ridículs. Si deien tot això de mi, que no n'estic segur, no l'encertaven gaire. No tenia depressió, tenia ansietat. La meva mare tenia una esclerosi molt avançada i vivia en una residència de la zona alta, no la cuidava jo. Vigilava el que menjava, sí. La majoria de vegades portava els auriculars encara que no els necessités, només per no sentir-los. Era una manera de no ser-hi mai del tot. D'evitar que se m'acostessin. Però no m'aïllaven del que imaginava que deien, de tot el que jo recreava dins del cap.

Sempre he estat orgullós d'haver tirat endavant Sonema i tenir gent treballant per a mi sent com soc. De fet, em costa fer servir aquesta preposició, «per a» mi, perquè era més aviat que treballaven allà amb mi, encara que a final de mes era jo qui s'encarregava que tothom cobrés. Em semblava estrany haver-ho aconseguit. Tenia trampa. Vaig conèixer l'Oriol en una de les primeres feines que feia, un estiu que vaig col·locar el micro a tots els concursants d'un programa de càstings per descobrir el millor cuiner de Catalunya. Ell era el tècnic de so i ens vam fer amics. En sabia moltíssim.

L'Oriol tenia més empenta, més coneixements i molts més contactes, però jo tenia l'herència del meu pare, i quan vaig acabar la carrera, després de parlar-ne molt i de no acabar-nos-ho de creure, ho vam tirar endavant. Vam enganxar un bon moment a Barcelona, vam ser de les primeres empreses que oferien tots els serveis de producció sonora per a televisió, cine i publicitat. Ens va anar molt bé. Amb l'Oriol ens vam acabar distanciant, però no per l'empresa ni pels diners. Jo deixava que prengués les decisions importants perquè en sabia més i perquè a mi no m'agradava prendre-les.

Quan vaig entrar a la universitat tot va començar a funcionar. Enginyeria de Sistemes de Telecomunicació. Vaig tenir por de no sortir-me'n. Hauria estat el més normal, però m'hi vaig esforçar molt, sobretot a fer amics. Vaig tenir sort amb els companys, amb el Bernat per exemple, tot i que els dos últims anys de la carrera els va passar a Brussel·les. Era l'única persona de la meva banda, i no de la de l'Oriol, que havia entrat a Sonema. Ell m'ho sabia gairebé tot. Quan tenia molta ansietat i em quedava al llit em recomanava pel·lis. L'Eli, en canvi, m'escrivia uns missatges llargs que volien ser d'ànims però que eren buits. Ara que hi penso, no sé si l'Eli es va creure que la Gabi era la meva cosina. Si no, va fer un paper brillant. Potser es va equivocar de professió i hauria d'haver anat a parar davant de les càmeres. El Bernat sempre em va agrair que l'anés a veure a Bèlgica mentre estudiàvem. Havia explicat aquell viatge a la Gabriela les últimes vegades que havia estat amb ella perquè havíem vist la pel·lícula de la Chantal Akerman que passa tota de nit, parelles d'amants a Brussel·les que s'esperen, es busquen i s'abandonen. El que ens acaba fent mal és el que esperem de l'altre. Vam dinar després que aparegués a Sonema i va fer morros tota l'estona. No vam dir res, només miràvem el mòbil. A mi m'escrivia la Sara. «Quan et vagi bé, fem una birra!»

Quant va trigar a deixar d'estar trista? No sé per què, però estic segur que no gaire. O potser sí que ho sé, per aquell torrent d'amor propi. Penso que la Gabi era així perquè mai ningú s'havia rigut d'ella. Per això era tan particular i tan preciosa. Que el Bernat m'ho repetís tant també va fer que comencés a avorrir-la. Ell pensava que no passaríem de quatre polvos a l'estiu, i després, quan ja érem a Barcelona, l'hi llegia a la cara, sempre esperava que li digués que havíem deixat de veure'ns.

Em va emprenyar que ni m'enviés un whatsapp. Ens escrivíem per qualsevol cosa, però no, ella va voler que la visita fos una sorpresa. Si era una prova per veure fins on entrava en la meva vida, no li va sortir bé. Era l'àmbit de la feina. Jo era el cap, allò hauria fet parlar a tothom. Em va sorprendre que se li acudís fer-ho. Potser a vegades també la sobrevalorava.

Al cap d'unes setmanes l'expulsaria de la meva vida. Quan ja no hi era i em cansava de les pàgines porno, buscava l'àudio en què es masturbava, quan encara ni l'havia tocat, quan encara estava convençut que podria allunyar-me'n.

SETEMBRE

Fins que no vaig obrir la porta del pis i vaig haver ficat tota la roba a la rentadora, mentre sentia el bategar rítmic del tambor, no vaig ser conscient de com havia enyorat casa meva. No vull dir que no m'ho hagués passat bé a Belldoc i que no hi sentís un punt de buidor sense els meus amics tot el dia rondant a prop, però vaig pensar que ja n'havia tingut prou i que em feia feliç tornar al meu ordre, tenir prou espai i que tot respirés. Poder anar al lavabo tranquil, pesar-me el menjar o no menjar res. M'havia acostumat a donar explicacions tota l'estona, i deixar de fer-ho va ser alliberador.

De seguida em vaig plantejar si, ara que tornava a ser a Barcelona i que la Sara ho sabia, havia d'anar a fer un cafè amb ella. Explicar-li amb un to de veu amistós, després d'interessar-me pel seu estiu i deixar-la parlar molt, que la trobava guapíssima i que m'agradava, que m'agradava molt, i que era una tia de puta mare, però que no podia passar res més. Que era millor deixar-ho en aquell punt, que més endavant podríem tenir bon rotllo. No tenia ni idea de com hauria reaccionat. A vegades, com el matí de mitjans d'estiu que havia dormit a casa, quan li parlaves es quedava molt callada i li veies un punt d'atordiment per com col·locava les celles, però costava intuir, més enllà d'aquest desconcert, què pensava i què hauria volgut. Jo no estava segur de res i li vaig dir que ja quedaríem, que després de vacances a l'empresa hi havia molta feina. Ella no qüestionava mai cap de les excuses que li posava. Donava per fet que jo no mentia i, si sospitava, no m'ho feia saber. Em contestava amb un gif graciós o amb una foto seva fent cara trista.

Sovint m'hauria estimat deixar aturades les situacions que no sabia ben bé com gestionar. Botó de pausa i ja hi tornaré. Per si de cas, no m'acostava a la plaça de la gelateria on treballava la Sara, ni anava a fer el cafè al seu bar de capçalera, a prop de Sonema. Almenys sabia segur que no pujaria a l'empresa a demanar-me explicacions.

Quan va començar setembre la meva incògnita va ser imaginar què ens passaria amb la Gabriela. Després de la mort del senyor Maurici va tenir moltes ganes d'anar-se'n de Belldoc. I hi va haver una part, petita, d'il·lusió en saber que continuaríem veient-nos a Barcelona, que canviàvem de situació, que no tindríem les platges ni el llac però teníem el meu pis, restaurants, exposicions i llocs on anar. Ho vam fer al revés, el nostre primer escenari havia estat el poble de vacances i després la ciutat, on, si més no, no s'hauria d'ajupir al seient del copilot si agafàvem el cotxe per anar a alguna altra banda. Ella estava molt entusiasmada amb la carrera. Anàvem a llibreries especialitzades en cinema i els volia tots. «Però tu què vols ser? Directora?» No ho sabia. «Què cony vols que et contesti, si encara no he començat?» Va valer la pena, aquella temporada. Per mi era seguretat, suposo que aquesta és la millor manera d'explicar-ho. I sentir-me segur era una mena de felicitat. Va estar bé que em cuinés les seves especialitats, que eren unes porcades que jo no em menjava. Veure-la sortir de la dutxa deixant-me petjades per tot el pis. Com una parella normal, sabent que tampoc ho érem ni ho seríem mai. Vaig anar veient aparèixer coses seves a casa. Alguna samarreta, la crema dels granets. Ho vaig ficar en un calaix que es va convertir en el seu calaix, i quan ella no hi era ni existia. Els seus pares no li demanaven gaires explicacions i, és clar, mai els va parlar de mi.

Va començar la universitat i poc abans havia trobat mort el seu avi. D'alguna manera, la vaig veure fer-se adulta. Li interessaven coses del dia a dia, la guerra, la política, la sequera. Quan la vaig conèixer semblava que visqués sola al Món Gabriela. Només s'importava ella mateixa. Aquell setembre cada dia em feia la crònica de tot el que li havien explicat a les classes. Em preguntava sobre conceptes teòrics que moltes vegades jo no coneixia. I em parlava dels seus nous amics, tan moderns («Ara vull anar a botigues de roba de segona mà»), que llegien autors que no llegia ningú més. M'ensenyava les fotos que penjaven a Instagram i ben bé que semblaven una caricatura d'ells mateixos. Com qualsevol a primer de carrera, però multiplicat per cent.

A vegades, quan arribava a les onze de la nit fumada i morta de gana i em parlava des del llit amb els ulls tancats, me la mirava i intentava comprendre fins on creia que ho podíem estirar. Quines converses tenia amb els nois de la universitat amb qui se n'anava al llit. Com eren els altres pisos on follava. Què pensava quan algun dia, sense voler, perquè estava tan a gust que s'havia oblidat de mirar el mòbil, havia decidit quedar-se allà, només aquell dia, que era un dia i prou, i no apareixia per casa meva. Estava convençut que n'hi havia d'altres, més d'un segurament. A quants vas obligar que et miressin encara que no volguessin, Gabi? Me la imaginava aixecant el braç a classe, qüestionant el professor i fent-s'ho venir bé per parlar de Kurosawa.

Va ser un setembre de calor i de vent. Els canvis d'estació, que al cap i a la fi són canvis, em van fer tenir algun moment d'ansietat, però res fora del que era habitual. A Sonema havíem aprofitat l'estiu per fer obres i hi havia dues sales de reunions noves. L'Eli estava contenta, em va dir que la rutina de l'escola li havia anat molt bé al seu fill. El Bernat feia la seva.

Al final vaig decidir que aniria a veure la Sara a la gelateria. Em sentia malament de donar-li tantes allargues. Primer no em va veure perquè despatxava sense mirar els clients, aquell automatisme de quan estàs fart de servir. Quan em va reconèixer la veu, va fer un somriure gros. Li feien posar un gorret ridícul, però estava guapíssima, i l'hi vaig dir. Vaig demanar un Merengada Chanty. Va ser generosa amb la ració i m'hi va posar molt de caramel. «Quan puguis anem a sopar, no? I ens posem al dia.» Hi havia cua i no es podia entretenir. Li vaig dir que i tant, que quedéssim. Un «I tant, quedem», que no explicitava si el sopar tindria lloc en els propers tres dies o tres anys. L'havia fet contenta, i quan ja no em podia veure vaig llençar el gelat a les escombraries. Vaig tornar passejant cap a casa. Havia quedat amb la Gabriela. Abans que ens separéssim i no la tornés a veure, abans que fugís ella o l'empentés jo, abans que oblidés una mica com havia vingut des de l'altra punta del llac per parlar amb mi, volia posar-li un micròfon petit entre les costelles i volia gravar-la mentre es corria.

23 D'AGOST

Jo no podia ocupar un lloc que no em pertocava ni podia fer-li creure que sí que l'ocupava. No sé per què no li vaig dir mai que vaig estar uns minuts amagat a la plaça de l'església de Belldoc mentre celebraven el funeral del seu avi. Que vaig buscar els seus pares i que vaig tenir vergonya de pensar que haurien pogut ser amics meus. Que vaig veure com aquells homes treien la caixa del cotxe i que no em vaig atrevir a entrar. Hi havia gent que em coneixia una mica, ja feia dos mesos que rondava per Belldoc, i m'imaginava les cares que farien, mirant-me, no entenent res, arrufant les celles per demanar explicacions o pensant que era un malparit que em divertia anant als enterraments dels vells. Sabia que llavors m'hauria començat l'ofec, l'estèrnum travat mentre el capellà parlava del senyor Maurici però per dins tots intentant entendre què hi fotia, jo, a l'últim banc. Al centre el fèretre ple de flors i, al costat, els dos homes de negre que es dediquen a traginar caixes amb un mort a dintre, del tanatori a l'església, de l'església al cementiri. Pensava en les converses que deuen tenir al cotxe, o les emissores que posen. Com et comportes, quan vas transportant un mort? No pots estar en tensió a cada trajecte, cada dia de la setmana. Bé que deuen tenir converses estúpides i potser riuen d'alguna cosa que han dit a la ràdio. El cap em feia aquests circuits per no sentir-me malament.

No tenia cap sentit que hi anés. Vaig ser-hi abans i després i totes les hores i les trucades que va necessitar. No hauria anat al funeral d'algú de la meva edat amb qui tingués el mateix vincle que amb ella. Sempre havia de fer aquests paral·lelismes per quedar-me tranquil i sentir que no li feia un mal innecessari. Va venir al Mas Brufó. Aquell dia només hi havia el Bernat, que va dissimular amb el telèfon per no haver de parlar amb ella.

Quan la vaig veure plorar d'aquella manera vaig tenir un principi d'erecció. Era perquè la veia desprotegida i sabia que la podia consolar. Li tremolava la barbeta, se li arrugaven els ulls. Li vaig explicar per què no podia anar a l'enterrament.

–Ets un puto cagat... i un egoista.

–Vinga, per favor. I tu ets una criatura.

L'hi vaig dir per fer-li mal i me'n vaig penedir al moment. A ella li semblava que ningú s'hauria estranyat de veure'm a l'església. Estava afònica, plorava tota l'estona, jo no li podia fer marxar el neguit perquè, quan semblava que es calmava, arrencava un altre cop a plorar fort, d'aquells pulmons, d'aquell cor que encara no havia gravat. Li vaig acostar la boca a l'orella i li vaig dir fluix que la volia molt. Després li vaig llepar el rastre d'una llàgrima, des dels granets de la barbeta, amunt fins a les pestanyes molles. Tota per a mi, la seva pena salada i que cada vegada n'hi quedés menys.

L'endemà vam anar al garatge del senyor Maurici.

–Quan la meva mare demanava l'epidural tu ja havies provat unes quantes drogues.

–Amb la por que m'han fotut sempre les drogues... Vaig fer el mínim per no semblar un cagat davant dels amics.

Jo en aquella època anava servit amb la medicació per a l'ansietat. I qualsevol cosa que em pogués fer perdre mínimament el control m'espantava. De fet, em costava molt d'entendre que els estudiants responsables que anaven amb mi tinguessin tantes ganes de prendre's alguna droga que els fes rebentar la consciència una estona i que l'endemà haguessin de recompondre la nit preguntant què havien fet als que anàvem amb ells.

Vam follar a la furgoneta del seu avi. Després va plorar en silenci, abraçada a mi, tots dos bruts de la pols dels seients. Aquell dia li vaig explicar com havia mort el meu pare. I que de petit era gras i suava tant que se'n fotien de mi. «Nooo... pobre bebè. Però si segur que eres una monada.» Jo només pensava que en qualsevol moment entraria la seva mare i m'imaginava que ens veia, que es tapava la boca i tancava els ulls. I que el seu pare era a fora i no s'atrevia ni a mirar-nos. M'ofegava pensant que entrarien tots dos en qualsevol moment. Però ella em va dir que no patís, que feia anys que els seus pares no posaven els peus en aquell garatge.

22 D'AGOST

Pista 8. Com fer maionesa sense que es talli, explicat pel meu avi (l'últim àudio que li vaig gravar).

El vaig rebre la nit que havia mort, després de parlar amb ella molta estona i de consolar-la amb frases tòpiques. Vaig pensar que a l'àudio el senyor Maurici parlava amb una parsimònia i una musicalitat que semblava que sabés que allò era un llegat que deixava per a la posteritat.

«Hem d'anar remenant al mateix ritme, sempre al mateix ritme, és un joc de canell. I anem afegint l'oli. Rajolí d'oli, rajolí d'oli...»

Ens havíem passat el matí en una cala amagada. Després vam dinar en un restaurant prop de la llotja i vam passar la tarda a la platja i al cotxe. Em va trucar a quarts de dotze, quan no feia gaire estona que l'havia deixat a casa. Plorava tant que em va costar reconèixer-li la veu.

–S'ha mort... el meu avi...

–Però què ha passat? Què dius?

–No ho sé, no en tinc ni puta idea però està aquí mort!

Cridava.

Me la vaig imaginar rodejada de desconeguts. Sola i trista, la meva Gabi. Li escrivia tota l'estona, li trucava. Es fa estrany quan entre dues persones s'instal·la la tristesa per una mort inesperada. A vegades us pot unir molt, a vegades et repel·leix per la incomoditat, perquè no saps com posar-t'hi ni què fer amb la pena de l'altre. La Gabriela només volia que l'agafés, que l'abracés. En alguns moments semblava serena, m'explicava el que li havia dit la policia i feia alguna broma. I en d'altres estava histèrica. Era petita.

El 20 de gener de feia dinou anys, mentre jo m'examinava de Circuits i Sistemes Lineals, es va morir el meu pare. Jo tenia vint anys. Quan vaig sortir de l'aula vaig veure cinc trucades perdudes de la meva mare i un missatge de text que li truqués, urgent. El pare era un dermatòleg conegut. Havia extirpat milers de melanomes, de pigues, de berrugues, angiomes i quists de greix. Deia que no hi parem gaire atenció, però que la pell és la nostra armadura, ens guarda els òrgans i els ossos.

Els dies que no treballava (i els últims anys abans de morir havia intentat tenir un matí o una tarda lliure com a mínim), el pare feia algunes rutes en moto, a vegades sol, a vegades amb altres amics metges. És curiós que a mi no em cridessin mai l'atenció, les motos. Ni abans del seu accident. Quan era petit em portava de paquet i m'espantava quan agafàvem un revolt i em semblava que tocaríem a terra amb el genoll i ens quedaria la pell cremada, una pelada de crosta prima que no ens deixaria moure la cama durant una temporada. Aquell dia anava sol, volia fer un tram de les costes del Garraf i parar a esmorzar (arribaria a casa per dinar, però ja havia deixat dit que no l'esperéssim perquè seria tard). El va envestir un camió i el va arrossegar més de set metres. Al matí, abans de sortir, va dir a la mare que sempre deixàvem el coi de llum del passadís encès i després em va desitjar sort per a l'examen. Jo estava despert, estudiant, i el vaig sentir com es dutxava, prenia un cafè, posava les notícies a la ràdio, cantussejava «Parlami d'amore Mariù», es vestia de motorista i sortia de casa. Com qualsevol altre dia. No hi va haver res diferent, cap avís que aquella seria l'última vegada que el veuria.

Amb la mare vam fer tot el que tocava: dos dies de vetlla, la caixa envoltada de tantes flors que semblava que l'haguessin d'engolir, homenatges després, visites a casa molts dies. Durant setmanes, el que havíem de fer estava escrit. I allò ens consolava, ja ens anava bé perquè així no teníem gaire temps d'adonar-nos que no sabíem com gestionar els diners dels comptes corrents, les dues consultes privades on visitava, els pisos i les places de pàrquing al seu nom. Nosaltres semblàvem forts i absents, amb les cortines sempre apagant la claror del menjador, la casa ordenada perquè en qualsevol moment podia venir una visita a fer un cafè i havíem d'estar a punt de revista. Des d'aquell gener, la Neus, la meva mare, sempre portava un mocador de cotó amb rivet de punta a la màniga de la brusa.

Un dia de febrer, quan feia un any i poques setmanes que el pare havia mort, i quan els companys de l'institut dermatològic on treballava li havien organitzat un acte de record que havia acabat en un dinar bastant selecte, va néixer la Gabriela. Vint-i-un anys. Més de set mil dies després que nasqués jo. Quan a ell ja se l'havien acabat els cucs, ella era una panxa rodona i un caminet fosc al melic. Quan a mi em començava a costar recordar la veu del pare, ella es movia tant a l'úter de la seva mare que no la deixava dormir més de dues hores seguides. Ja estava preparada per néixer, no li faltava res. Quan la seva mare empenyia per fer-la sortir, jo dormia tota la tarda perquè m'havia agafat mal de cap de beure vi i d'escoltar els amics del pare explicant anècdotes que em semblava que eren d'una altra persona. Vint-i-un anys. Als vint-i-un anys podia ser pare d'una criatura. Als vint-i-un anys havia acompanyat una noia que estudiava Arquitectura a prendre's la píndola de l'endemà. Se'ns havia trencat el preservatiu. També ens vam voler fer proves, encara que tots dos dèiem que sempre ho havíem fet amb preservatiu i no era gaire probable que tinguéssim res (jo tampoc havia tingut tantes experiències sexuals). Després de la incomoditat dels metges i les anàlisis, no ens en vam anar al llit mai més, però l'amistat va durar uns anys i quedàvem per fer cafès i ens explicàvem com ens anaven les coses i fèiem broma sobre l'edat que tindria el nostre hipotètic fill. Als vint-i-un anys hauria pogut tenir una criatura de l'edat de la Gabriela. Si quan la Gabi va néixer me l'haguessin ensenyat, embolicada en un farcell com els nens de les pel·lícules, i m'haguessin dit «estaràs amb ella», hauria dit que era impossible, llavors jo era un estudiant rosset, tímid, prim i de bona família, que es fixava en noies que tenien un o dos anys menys que ell, de qui s'enamoraven les amigues de les amigues amb ulleres i dents sortides. Tenia una timidesa que, segons com, podia semblar altivesa. Tenia cos d'esportista i anava sempre vestit de marca.

Als vint-i-un anys pots haver perdut un pare i pots haver tingut un fill. Als vint-i-un anys ja tens la cara i l'alçada que tindràs d'adult. Ja ets qui acabaràs sent i la pell ja se t'ha estirat per fer-te d'armadura i recobrir-te els ossos, que no et creixeran més. A la de la Gabriela m'hi hauria passat hores: la de l'esquena i els braços, tibant i llisa, tan nova, encara, sense rastre del temps, sense res que no fos pell, només pell dura. A la barbeta els granets, els porus obstruïts i infectats. De jove no vaig tenir mai acne. Només m'hauria faltat això. Després que es morís el seu avi tenia els granets encara més enrabiats i vermells, tot el cos li supurava tristesa. La veia menys perquè havia d'estar-se a casa amb els seus pares. Llavors sortia amb la bici i s'estava hores pedalejant per cremar les calories de les cerveses que ens bevíem perquè no estigués trista. Vam anar al llac la nit abans que l'enterressin. Es va voler banyar tant sí com no. Tot en silenci i l'escàndol d'ella xipollejant. En va sortir tremolant.

–Quan no em feies cas et cridava des de sota l'aigua, era l'únic lloc on podia dir fort el teu nom sense semblar una puta boja.

L'abraçava amb la tovallola i li notava la pell gelada.

–Ara he cridat el del Maurici. M'has sentit?

–El so viatja més ràpid a l'aigua que a l'aire.

–Però si crido dins l'aigua no se sent res.

–És la velocitat de les vibracions... El tema és la capacitat de la nostra oïda per captar el so en forma d'ones de pressió en l'aire. No tenim les orelles dissenyades per sentir-ho. A més, tu, Gabi, tens les orelles més petitones que he vist mai. M'estranya que em puguis sentir fins i tot ara que em tens a un pam.

Li vaig ficar la llengua a l'orella. Aquells dies la Gabi tenia els ulls dibuixats d'uns diminuts riuets vermells que es bifurcaven. Igual que les morts que no t'esperes, que et fan canviar de direcció i, d'alguna manera, et converteixen en una altra persona.

MITJANS D'AGOST

S'hi estava bé, al Mas Brufó. L'estiu era per a això, per canviar de parets, per passar la tarda lents i pesants en un pati on no s'acabava de fer mai de nit del tot. El mas l'havia trobat el Bernat d'anar-hi un cap de setmana, i va dir que llogar-lo dos mesos sortia molt més a compte que un parell o tres de setmanes. A mi m'estava bé. Jo podia teletreballar, podia fer el que volgués. El Bernat era freelance a Sonema i a l'estiu treballava poc perquè tenia estalvis i li agradava agafar-s'ho amb calma. Ens ho va vendre perfecte: a l'Empordà, un poble petit i tranquil, els llacs, la platja a prop però no al mateix poble i així no s'omple de gent. I la casa, és clar. Enorme, un pati al darrere, una habitació gran per a cadascú. Podem anar i venir, fer i desfer. Sobretot hi seríem ell i jo, els altres dos tenien coses i anirien venint quan poguessin, especialment els caps de setmana i a l'agost. I pagarien menys. El Bernat era un gran organitzador. Si jo hagués fet la mateixa proposta al mateix grup d'amics ningú m'hauria seguit. Jo era un perfecte seguidor dels plans que muntava la gent i un nefast proposador de plans perquè algú altre els seguís. Com que sabia quin era el meu paper, m'afegia als plans però no els proposava. Els altres dos eren el Pere i el Roc. El Pere era professor d'institut, de Física. Ens vam conèixer a través del Bernat perquè havien anat a la mateixa escola. El Roc era actor de doblatge, ens havia fet algunes veus per a projectes de Sonema i també era bastant amic del Bernat. Tenia parella, la Mònica, però ella feia poques vacances a l'estiu i va venir menys. Portaven junts tota la vida. Amb mi la Mònica va fer des de sempre el paper de germana gran (sent dos o tres anys més jove que jo). Tenia una manera bonica de preocupar-se, de preguntar-me moltes coses, de cuidar-me. Ens vam entendre de seguida perquè ella era la nòvia de l'amic i jo l'amic reservat. Sovint ens quedàvem en una conversa paral·lela, caminant tres passes enrere, abstrets, parlant de llibres, de programes de la ràdio, de la meva mare. Era infermera d'urgències i, en contra del que hauries pogut pensar, era molt tranquil·la, tenia una calma a la veu i a tot el cos, com quan mastegava o bevia aigua amb el got una bona estona a la boca. Costava imaginar-la amb la pressa de la feina. Només a ella li havia explicat per què vaig estar de baixa i per què ens havíem enfadat amb l'Oriol. Perquè va insistir molt. I va ser implacable. Va dir que, com que érem amics, jo havia de sentir el que ella en pensava encara que em fes mal. I em va prometre que em guardaria el secret.

Ni abans ni després d'aquella conversa, feia sis anys, li havia donat gaires detalls dels meus rotllos. I quan ho feia tampoc no l'hi deia tot. Li hauria agradat que tingués parella i que estigués menys sol, però si me n'anava al llit amb una o amb l'altra tampoc no li interessava gaire. I així no havia d'obviar la veritat. Em tenia afecte. Era tímida, i trobar-nos ens va reconfortar. L'estiu anterior havíem fet tots cinc una ruta d'un mes per la costa oest dels Estats Units. També per això havíem llogat el mas. Volíem calma, no haver de córrer ni llevar-nos d'hora, no fer res. A més, amb el Bernat teníem previst anar un parell de setmanes al novembre a Nova York.

Havien deixat de fer comentaris sobre el que tenia amb la Gabriela. No em treien el tema perquè preferien no saber-ne res. No feien preguntes quan passava hores fora o no hi anava a dormir. Els havia donat una versió light de tot plegat i primer els havia dit que tenia vint-i-dos anys. Un d'aquells dies havíem agafat el cotxe per allunyar-nos de Belldoc i havíem acabat passant la nit en una pensió. Abans d'anar a dormir em va dir que volia que miréssim junts la tele. Tenia el cap al seu pit i en percebia el batec, molt enfonsat. Ella m'acaronava els cabells i l'orella. S'adormia per moments i llavors deixava les mans quietes sobre meu. Aquell dia el seu avi la va enganxar i va tenir bronca amb ell i amb la Lena, que en teoria era la coartada.

Amb el Bernat n'havíem parlat altres vegades, quan havia sabut que tenia històries amb noies més joves. S'indignava, feia que no podia ser. I ja està. Tampoc en parlàvem tant. Als vint et passes el dia parlant de la gent que et folles, als trenta llargs ja no. I ell també se n'anava al llit amb nois joves. Li hauria volgut qüestionar per què pensava que fer-ho amb la Gabi era pitjor que amb qualsevol noi del Grindr de qui no sabia ni el nom real. Em van treure el tema, ell i la Mònica, un dia a la cuina, abans de sopar.

–Saps que estem intentant tenir un fill amb el Roc?

–Alguna cosa m'ha dit. Segur que anirà bé, Mònica.

Feia uns mesos que ho intentaven, però el Roc només ens ho havia comentat de passada.

–Sí, no ho havíem tingut mai gens clar, la veritat. Però quan decideixes que sí i no t'hi quedes de seguida, comences a pensar que potser no podràs mai. I llavors et sembla que és l'única cosa que vols.

–Ja, m'ho imagino.

La veritat és que no m'ho imaginava, però era el que li havia de dir.

–Tu estàs bé?

Llavors vaig veure on volia anar a parar.

–Sí. Sí, sí. Com sempre. A Sonema ens va molt bé. I la mare va fent.

–Pobra Neus. Com porta no viure a casa?

–Bastant conformada. És un bon lloc, jo diria que està contenta.

Va fer una pausa.

–Escolta, Quim, jo t'ho he de dir. Això d'aquesta nena...

Sensació que era un nen petit i que em renyaven. Vaig deixar que parlés.

–És que... Per exemple, ni m'imagino quina mena de converses deus tenir amb una noia tan jove.

Una mica d'ofec.

–No en vull parlar, Mònica, no és important, en sèrio... Ja sé el que em diràs.

–Però ho veus, no? Que no pot ser... És que em fot cosa haver-t'ho de dir.

Jo vaig arrencar i vaig dir que ja era major d'edat, que només era un rotllo. Que s'acabaria i no passaria res. Que no sabia què els semblava tan malament, perquè allò que els escandalitzava tant a nosaltres ens funcionava i no patia ningú. Ens funcionava i prou. Hauria contestat totes les preguntes que tinguessin. Però no en tenien. «És que tanta diferència d'edat fa que tu estiguis en una posició per sobre», «És que ella no ha viscut la meitat d'experiències que tu», «És que per molt que cregui que ho escull lliurement no és ben bé així».

Se sabien molt bé l'argumentari, eren gent com cal. M'ho havia plantejat tot vint vegades abans que ells i també sabia que una reacció com aquella era una manera de protegir-me. Pensava: és molt jove però ha follat tant o més que jo, és una tia interessant i intel·ligent, és un vincle sobretot sexual, no hi ha relació sentimental, tot el que hi ha és pactat, parlat, desitjat, consentit. Si escull lliurement o no... juraria que sí, però donar per fet que no i que en canvi ella cregui que sí és admetre que una tia major d'edat no sap què vol, o que el que creu que vol realment no ho vol. Potser ho sabien més que ella. Els hauria dit tot això, però no vaig dir gaire cosa. Durant el sopar la Mònica no se'm va dirigir. I la Gabriela era tan oportuna que va aparèixer a prop del mas. No s'hi acostava ni entrava si no ho pactàvem abans. M'havia escrit.

«Surt un moment, tinc ganes de veure't i així no faig el piti sola.»

Ho hauria fet igual amb qualsevol altre rotllo.

–Surto un moment, que hi ha la Gabriela.

Van quedar-se en silenci de cop. La Mònica va fer que no amb el cap. Llavors em va mirar.

–Pot entrar, eh, Quim.

El Bernat es va aixecar i va sortir darrere meu.

–Surto amb tu i així la saludo.

No volia que es trobessin. El Bernat ja l'havia vista i sabia qui era, però la Gabriela no havia de barrejar-se amb ells, no els volia en la mateixa porció d'espai-temps perquè això m'obligava a mirar-m'ho amb els seus ulls. Anava amb un nus a la samarreta ensenyant tota la panxa. Els cabells amb flocs desordenats tenyits de ros. A dins érem a la sobretaula fent les copes. Ella estava asseguda a la vorera i s'embolicava una cigarreta. Es va alegrar de veure el Bernat sortir amb mi. D'estar una mica més dintre de la meva vida. Es van fer dos petons i van tenir una conversa forçada. El Bernat li va preguntar pel seu estiu al poble i van sortir els nostres viatges als Estats Units.

–Jo vull anar al Japó. Em flipa aquella cultura, saps? Vull viure allà una temporada treballant de qualsevol cosa. Hi anirem amb una amiga meva, la Lena. Buscar el que sigui i fotre el camp cap allà.

El Bernat va canviar de tema, va parlar del llac i de la festa major, i després va tornar a dintre. Quan vaig entrar, cinc minuts després, estaven tots callats. Vaig posar-me a recollir plats i el Bernat va venir amb mi a la cuina.

–Vint-i-dos anys, té?

Ell no es deixava enganyar.

–No.

Va alçar les celles.

–En té divuit.

–Joder. És clar, per tenir divuit anys sí que és llesta.

No em vaig poder estar més estona allà amb ells. Me'n vaig anar a dormir el primer, però van continuar. Era lògic. No podia entendre tot el que deien, però reien i anaven dient, «Xxxt, no cri-deu...». Sentia la porta, devien entrar i sortir del pati cap a la cuina, fent gintònics o omplint bols de glaçons. El Bernat: «Jo no patiria gaire, no crec que durin, diu que marxarà al Japó amb una amiga a buscar-se la vida». Reien. La Mònica: «Parleu-hi, que encara vindrà el seu avi a demanar-li explicacions al Quim...». El Pere: «Però els pares li firmaran una autorització per anar al Japó o què?». Riures. El Ber-nat: «No... ara en sèrio, és major d'edat... Ja s'espa-vilaran».

Després me'n vaig anar tres dies a Barcelona. Necessitava estar una mica lluny del mas i del que deien les cares dels meus amics. Hi ha gent que et mira i saps què pensen de tu, saps que et menys-preen, apugen una mica el llavi superior, els narius se'ls obren. I et diuen «Com va tot?», però tu els veus i saps que per dins estan dient «Ets un frau de persona». També baixava a Barcelona perquè volia veure la meva mare i perquè la Sara no parava d'es-criure'm. Era d'aquella mena de persones que no els molesta haver de començar sempre ells la con-versa, donava per fet que era així i no passava res. Ens havíem enrotllat per la revetlla, abans que jo me n'anés a Belldoc, i m'havia anat escrivint des que hi havia posat els peus. Que quan tornés a Bar-celona si us plau l'avisés, que féssim una cervesa, que li anava bé qualsevol dia perquè només treballava unes hores. Ella no volia res concret, només fer vincle, anar a sopar i acabar al llit. Suposo que jo també tenia ganes de veure-la. Vam quedar en una terrassa i no va parar de beure mitjanes a una velocitat suïcida. M'explicava que a l'estiu a Barcelona no s'hi estava tan malament com es pensava i que treballava en una gelateria, havia après a preparar Merengada Chantys però no suportava haver de netejar els lavabos abans de tancar. Quan les paraules se li van començar a enganxar vaig demanar unes braves per fer coixí, però pràcticament no les va tocar. La cambrera ens mirava, devia ser perquè la Sara cada vegada apujava més el to de veu. Me la vaig endur a fer un volt i em vaig adonar que anava pitjor del que semblava asseguda. Em va dir de venir a casa i li vaig dir que sí perquè ella no podia anar enlloc d'aquella manera. La seva cara de triomf era la de quan et sembla que guanyes per golejada.

Per això ens emborratxem, perquè ens sentim superiors a tothom. Igual que la Gabriela per festa major. No va passar res aquell dia amb la Sara, i vaig pensar que allò era la meva redempció. Va dormir nou hores espatarrada al meu llit com si li haguessin clavat un tret. Però sentia el ritme de la seva respiració i em relaxava, l'expiració era més curta del que podies deduir de la inspiració i, al final, sonava un xiulet curt que devia sortir dels seus pulmons carregats, perquè es va passar la nit fumant un cigarret rere l'altre. Me'n vaig anar al sofà i vaig escriure a la

Gabriela que la trobava a faltar i vaig buscar per internet botigues de coses japoneses a Barcelona. Quan la Sara es va despertar vaig voler fer-la sentir malament, li vaig dir que havia begut massa. I que tenia feina, que ja parlaríem, perquè me'n tornava a Belldoc i m'hi estaria fins al setembre. Quan va marxar per fi em vaig poder estirar al llit, calent i arrugat. Em vaig masturbar. Notava els llençols humits de la seva suor.

PRINCIPIS D'AGOST

També suava la Gabriela al cotxe, em posava el cap a l'aixella perquè deia que li agradava l'olor de la meva suor i la de la meva suor barrejada amb desodorant, que després es va comprar per fer olor de mi. Quan estàvem molt ben amagats a vegades trèiem un llençol que duia al maleter i el posàvem a terra perquè no aguantàvem follar amb la calor del cotxe. Ens pujaven les formigues per la regatera del cul. Pedretes i trossets de fulles seques als cabells i les pestanyes.

Des de finals de juliol ens havíem vist bastantes vegades. Sempre acalorats, sempre patint per si ens veia algú. Sempre sentint-me malament després, només un moment, uns minuts abans d'entrar al mas i trobar-me el Bernat fent plans, buscant restaurants bons a Nova York i locals per anar a veure música en directe. Pensava en les hores de vol que hauria d'aguantar i m'agafava de tot. Sempre em passava, els plans de futur em feien por i mandra perquè m'imaginava que tot aniria malament. Pensava que arribaria a la nit inflat d'hidrats i de cervesa, de mal humor perquè em sentiria gras. Podria sortir a córrer als matins. A tot arreu hi ha gent que corre als matins. A tot arreu hi ha persones com tu.

A principis d'agost em va dir que m'havia enganyat i que no tenia vint anys. Hòstia puta, Gabi. Les cartes sobre la taula.

Però sí que m'ho havia semblat.

M'ho va deixar anar al cotxe, devia tenir estudiat que així m'ho prendria millor perquè no ens vèiem cara a cara. Em va donar tot d'explicacions que vaig fer veure que no sentia sobre la idea de l'edat i els dos anys que m'havia estafat. Mentre parlava m'ofegava i suava. Quan vaig baixar hi havia una taca d'humitat al seient. Pensava si en el fons m'importava gaire que m'hagués enganyat o que m'enganyés amb altres coses. Però estava convençut que l'hi retrauria. D'entrada no contestaria cap dels seus missatges. L'ofensa havia de ser literal i palpable. Després li qüestionaria tot el que m'havia explicat. Que entengués que mentint-me m'havia deixat en un punt molt complicat. «Però els divuit els tens o encara els has de fer?» «Potser en tens setze i la meitat de coses que m'expliques de cine les has buscat a la Viquipèdia per vacil·lar-me.»

Va ser aquella setmana que l'Eli ens va dir que estaven passant uns dies a l'Empordà i que ens venien a veure. Ella i el seu fill de deu anys. Un nen insuportable. Si li deies que t'expliqués el casal d'estiu de bàsquet, et deia que no volia. Si li preguntaves pel viatge que havien fet a Croàcia, et contestava que havia sigut una merda. L'Eli el disculpava, la preadolescència (de debò, amb deu anys?). Feia sorolls, picava amb el peu a la taula, escopia al plat el pa mig mastegat, es menjava l'arrebossat dels calamars i després se'ls posava als canells com si fossin polseres blanques. Cridava. Quan no feia ni tres quarts d'hora que havien arribat a Belldoc, va començar a preguntar si no se n'anaven, que s'avorria, que s'avorria molt. No ho sé, crec que l'Eli al final passava vergonya. A aquell nen no el va impressionar la llegenda del tractor enfonsat al llac, i va dir que si ell es banyava el trobava segur. Sí, nen, capbussa't, a veure si t'ofegues. Quan vam decidir ignorar-lo, perquè era l'únic que podies fer, encara va donar més pel sac. I la seva mare amb ell era un tros de pa, potser massa i tot.

Què pensava l'Eli de mi? Què sabia? És curiós, perquè jo hauria dit que érem bastant amics. Però no ens teníem confiança. A Sonema ens havíem entès de seguida i fèiem plans fora amb altra gent. Es preocupava per mi quan estava fotut, però no feia mai preguntes, et deixava un espai d'intimitat tan gran que et feia la sensació que el que et passava no li interessava en absolut i també era una manera de marcar com ho havies de fer amb la seva, d'intimitat. La relació es va establir d'aquesta manera i no em va passar mai pel cap explicar-li ni preguntar-li res gaire personal. Per això va ser un impacte veure-la abatuda quan la seva parella l'havia enganyat i ja tenien el nen. Segur que a ella li havia arribat alguna cosa de quan vam deixar de parlar-nos amb l'Oriol. Però és d'aquesta mena de gent que prefereix no saber mai del tot què passa. Què s'imaginava, no ho sé. Però no crec que fingís l'afecte que em tenia. Jo tampoc vaig deixar que es notés gens què em semblava el seu fill. Ni que vaig desitjar que el curs següent es trobés algun nen a classe que li fes bullying i el posés a lloc. Vaig plànyer la Mònica i el Roc, que algun dia arribarien a aquell punt. Pensava si era d'aquella manera, la Gabi, vuit anys abans. Potser era pitjor i tot.

A la nit vaig començar a escriure-li un missatge. L'escrivia a les notes, perquè no em veiés escrivint, escrivint, escrivint.

«Em fa pena no poder-te creure en res més del que em diguis. Ara tot em farà dubtar. Amb quantes coses més em deus haver mentit? Gent de qui m'has parlat que potser no existeix. Coses que no has fet i que m'han fet riure. Les anècdotes del pis de Gràcia i de les classes a la universitat. En el fons t'enganyes a tu, Gabi. Et deixes en ridícul a tu mateixa. I ni t'imagines de quina manera m'has allunyat de tu. Que no ho vas pensar? Les mentides ho fan malbé tot. Menteixen els nens, quan estan acorralats. Els adults no, els adults que valen la pena són prou valents per assumir la veritat. Ara potser no entens el que et vull dir, però creixeràs i te n'adonaràs.

»També et volia dir que, sense esperar-m'ho gaire, et trobo a faltar. Explico la història del tractor enfonsat a tothom nou que apareix per aquí. Ets diferent de tot, tu. Tens la pell de color de terra fosca, com la de dintre el llac. I fas olor de pera madura.»

Al final vaig esborrar-lo i no l'hi vaig enviar. Dos dies desaparegut del mapa i fent-la tornar boja. M'havia escrit la Sara. Que Barcelona estava buida i que a la cafeteria de sempre feien vacances.

31 DE JULIOL

Aquell matí la Sara havia penjat unes quantes stories amb una tovallola al cap i sense mirar a càmera, seriosa. Amb la llum d'una finestra que li venia de cara i li feia brillar la pell. La Sara es volia dedicar a la fotografia o a la moda. O a tot a la vegada. Vivia a prop de Sonema i molts matins estava en una cafeteria que hi havia a dos minuts, sucant el croissant al cafè amb llet. No s'engreixava per molt que mengés croissants, la Sara. Portava uns auriculars grossos i a vegades un MacAir. No es fixava en ningú, i per això va trigar dies a adonar-se que jo seia a prop seu. La primera vegada que vam parlar era hivern i tenia les galtes vermelles de la calefacció i del cafè calent. La Sara primer era antipàtica perquè creia que així era més interessant. Però després tenia un riure nerviós i un píercing a la panxa que ensenyava encara que nevés. Un penjoll daurat amb forma de cor. Cap dels meus amics en sabia res. Un dia vaig entrar a la cafeteria amb el

Roc i ella va entendre que li deia amb els ulls que no se'ns acostés, que féssim com si no ens coneguéssim. Li va agradar que fóssim un secret i a mi em va fer sentir malament. No mirava cap pel·lícula ni cap sèrie bona, la Sara. Només roba i maquillatge. La impressionava que l'empresa fos meva. Era bonica. Sempre tenia gana i calor. Li agradaven els meus ulls. La Sara.

Quan la veia sucar el croissant, sempre recordava que l'endemà de la primera cita amb l'estudiant d'Arquitectura (amb qui més endavant vam haver d'anar a prendre la píndola de l'endemà), que va ser només un sopar, estava tan eufòric que em vaig permetre l'excés d'una tassa de xocolata desfeta amb una ensaïmada que em van donar quasi tant plaer com si me l'hagués follat a ella. L'havia conegut en una festa d'estudiants al pis on vivia amb dues noies més. Érem al terrat i tothom parlava, alguns seien a terra, uns quants tocaven la guitarra. La noia anava i venia, caminava descalça, treia cerveses fredes, i semblava ignorar completament la seva pròpia bellesa, les faccions angulars, la forma de l'esquena. A la una ja tenia pensat un petit discurs per acomiadar-me'n i intentar lligar amb ella. Me'l vaig repetir per dins i el vaig practicar un parell de vegades davant del mirall del lavabo, entre necessers plens de maquillatge. La nit se'm va fer llarguíssima perquè jo gairebé no bevia i ella no se separava de les seves amigues. A les cinc el vaig pronunciar. A la meitat de la primera frase em va tallar amb un «Gràcies», no m'escoltava ni em veia mentre em feia dos petons, perquè hi havia una fila de gent a qui havia de dir adeu i m'anaven empenyent per sortir del pis. Ja sé que tothom ha fet el ridícul intentant lligar. El millor és que va haver-hi justícia poètica. Vam tornar a coincidir en una discoteca del centre, ella ni recordava que jo havia estat a casa seva, però aquell dia vam poder parlar i riure i vam quedar per anar a menjar japonès (llavors era una cosa bastant exòtica). El dia del sopar tampoc vam acabar al llit, però ens vam agradar i vam dir que ens veuríem un altre dia. Vaig tornar cap a casa ballant pels carrers negres i buits. Agradava a una tia, i a més era una tia interessant. I una tia guapa, amb els cabells llargs i les cames primes. On eren llavors els que em deien pop de merda? Els recordava asseguts a l'aula, amb aquelles cares que feien abans d'insultar-me, els ulls petits, riure de fill de puta.

No sé per què ho vaig fer, però li vaig explicar al Bernat que la Gabriela m'havia menjat la boca el dia que havia marxat abans del concert de festa major.

–Ni t'hi acostis. M'és igual que sempre siguin elles, tio, tu lluny.

–Bernat, ja la vas veure, no se'm desenganxava.

–No li diguis res més. Bloqueja-la, si cal.

Vaig intentar ser sec, després d'aquella nit del petó. Esglaonar els missatges, no contestar. M'escrivia al matí que com portava la calor, i a la nit (perquè no podia estar sense dir-li res) li responia amb un monosíl·lab. No hi caiguis, deixa passar la fal·lera i ja estarà, seran un parell de dies. I ella, és clar, m'escrivia cada vegada menys. Però la veritat és que m'avorria, sense la Gabi. Sense la seva insistència per arrencar-me l'interès i les paraules, quan no parava d'escriure al xat i m'enviava vídeos de gats que s'espantaven amb torradores, o m'explicava tot el cinema japonès. Recordava i barrejava el record amb la imaginació, els pits que li intuïa, les cuixes. El Bernat s'hi havia creuat mentre ella llençava les escombraries i m'ho havia dit, «L'he vista amb aquella energia de nena creguda, que ni et mira ni et diu hola. T'ho juro que no sé què es pensen, nosaltres no érem així». Li vaig dir que potser ella no l'havia vist, que no em creia que no el volgués saludar. I que era veritat que tenia aquesta actitud. Al cap se m'ajuntava la cara de la Sara amb la de la Gabi. Em va dir que ho havia fet bé passant d'ella, i que en part m'entenia, podia estar d'acord que un cos tan jove t'atrau, però que s'havia d'estar per sobre d'això. Mentre l'escoltava m'adonava que era incapaç de recordar la veu de la Gabriela.

Vaig estar tot el dia pensant de buscar-la i convencent-me que no ho havia de fer. Tenia l'ansietat pels núvols. Vaig dir que em trobava malament i em vaig tancar a l'habitació. Primer em deia que no, no li escriguis, no la busquis, deixa-ho estar d'una vegada, pesat. Al cap de dos minuts pensava que no passava res si parlàvem o si ens vèiem una estona, digue-li que la vas veure per la finestra a casa la Lena. Potser parlar era la manera de tancar definitivament la història. Així tota l'estona. Em vaig masturbar dues vegades a veure si podia dormir una mica, però no hi havia manera de parar-ho. Els del mas no em van dir res, a les nou el Bernat va treure el cap per la porta per si volia menjar alguna cosa. Quan estava així no menjava i m'aprimava. Era l'únic de bo que en treia.

L'endemà vaig sortir de casa una mica abans de l'hora que el Bernat m'havia dit que l'havia vista llençant les escombraries. Vaig rondar pels voltants del seu carrer i dels contenidors. No la vaig trobar. És clar, només eren ella i el senyor Maurici i no les devien llençar cada dia. No trobar-la em va fer pensar que tot plegat era just i que havia de deixar-ho estar. Al segon dia de fer la mateixa ruta la vaig veure. Caminava amb la bossa en una mà, separada del cos, i una samarreta gran que li tapava els pantalonets i semblava que no en portés. Jo anava amb el gos perquè em servia d'excusa per sortir de casa després de sopar. Era una bona bèstia, tenia una calma d'animal gros i et feia cas amb gairebé tot el que li deies. Quan em va veure no sabia ni que l'havia vist abans ni que feia dos dies que mirava de fer que ens trobéssim. Se'm va apropar per darrere. «Estàs desaparegut, eh.»

La cara que va fer... Va començar a parlar de pel·lis, de Yasujiro Ozu, del seu avi. La Gabriela donant-ho tot, a raig. I no em va retreure ni una vegada que hagués estat tan sec pel xat després del petó. Amb això vas ser bona, Gabi. Ens vam asseure en un banc i vaig fumar una mica del seu porro. Li examinava la cara, de perfil: la línia del nas ben unida als llavis, la comissura de l'ull arquejada, els tres forats amb arracades petites. No entenia com era que no recordava aquells detalls. Ella treia el fum i mirava endavant, però com si no mirés enlloc, tan perfecta encara, tan sense cap esquerda, amb tantes ganes que el món li deixés tastar la penombra. El gos corria cap al reixat de la claveguera. Em va agafar un dit i se'l va posar a la boca. Li vaig dir que no estava bé, que m'agradava però que no podia ser, que no. Suposo que, llavors, implorar salvació ja no valia. Per fer-me callar em va fer un petó als llavis. Tenia gust de marihuana verda i de galeta, la Gabriela. I em va donar completament la boca, la llengua. Tota per a mi, enfora d'ella, com si no la volgués. Ens podia veure qualsevol. Me'n vaig separar un moment i ens vam moure fins al punt del carrer on era més fosc. Hauria pogut demanar-li perdó i fotre el camp corrent. Però em va dir que no parés. «No paris.»

I li vaig fer cas. Però mentre li tenia la llengua entre les cames pensava en les calories del sopar, en el Mos que bordava a prop nostre i que em recordava el que m'havia dit el Bernat. Ho pensava per no posar-me calent, per no embrutar-me més. Si l'haguessin conegut una mica més, m'haurien entès.

FINALS DE JULIOL

Hi havia moments, pocs, en què es feia visible la diferència entre la joventut de la Gabriela i la que havia tingut jo. Tinc gravadíssima la primera vegada que vaig veure revistes verdes a casa un amic de l'escola, encuriosit i culpable, sabent només el que algú d'un curs més gran ens havia explicat, «follar vol dir posar la tita dintre la vulva i tenir un fill». En aquell moment vaig ser incapaç de projectar la imatge del que volia dir. La Gabriela en parlava sense cap pudor, perquè ella no coneixia el pudor, ella et feia tenir vergonya a tu de tenir vergonya. Pel xat, quan encara ens havíem vist poquíssim, em parlava de condons i lubricants com si fossin marques de cereals. Potser una mica també era una manera d'impressionar-me. Tenia la fortalesa dels que no s'han sentit mai ridículs, la dels que, justament, sempre tenen a dins la pulsió de burlar-se dels altres.

Vaig sortir a córrer per cremar l'alcohol de la festa major. Em sentia la pell expulsant-me'l pels porus. Passava per davant de casa el senyor Maurici, anava en direcció a la piscina, travessava per un carreró prop del forn amb un casalot abandonat, i després sortia del poble. Es veu que en aquella casa hi vivia una senyora que feia por a la Gabriela quan era petita. L'Ernestina. Mai em va acabar d'explicar el què. Potser era una mentida de les seves. Però el Bernat ja havia mirat si podia comprar la casa. Quan acabava de córrer em feien mal l'esquena i el cap, i tenia les cames enrampades. Necessitava una mica aquell dolor. Després feia abdominals a casa, amb els peus al llit. El Bernat em deia que al final em trencaria. Al mas tot el dia bevien quintos i menjaven olives i no patien per un quilo més. També feien esport, però d'una altra manera. Em respectaven l'obsessió, em deien que farien macarrons o arròs a la cubana, i em preguntaven si m'anava bé o si preferia una altra cosa. Jo en menjava menys, gairebé gens de pa, i equilibrava els hidrats. No bevia alcohol durant la setmana. Batuts, fruits secs, ous, iogurts. A vegades deia que tenia mal de panxa i em saltava un àpat. Ho tenia interioritzat. Era un càlcul que m'havia acostumat a fer des que tenia dinou anys. Sempre tenia clar quin plat del menú engreixava menys, d'acompanyament amanida en comptes de patates, cafè en comptes de postres. Després em dutxava i em mirava al mirall. Des de tots els angles comprovava que no hi hagués crescut cap línia, cap gram de més. Era una comprovació diària, era com anar a pixar només llevar-te. La corba dels tríceps, les venes de sota el braç fins a les mans. Una «u» petita marcada entre els pectorals. No tenia un cos inflat de gimnàs, era prim però se'm veien els músculs a través de la pell morena, brillant de suor quan arribava de córrer. Em retallava el pèl del pit i de la barba. Les dents blanques. Els ulls blaus. No em queien els cabells, els duia una mica llargs, amb algun de blanc, és clar. Quan els altres em veien a la platja em deien que em podria lligar qui volgués. «Qualsevol tia, Quim, en sèrio.»

Feia molts anys que em pesava religiosament cada dia quan em llevava. Més de mig quilo de marge del que tenia estipulat era una derrota. Volia dir començar el dia de mal humor, volia dir pensar només en aquells cinc-cents grams. A finals de juliol feia un mes que era al mas i que no veia la xifra pal·liativa entre els dos peus. No entenc com és que no ho vaig preveure. Podia reconèixer que tenia el cos com sempre, que els pantalons no m'anaven estrets. Però necessitava un número exacte, seixanta-set dos-cents, seixanta-set sis-cents, si no, no em servia. Vaig agafar el cotxe i vaig conduir mitja hora fins a Torraina (un poble de costa amb un passeig ple de botigues de biquinis i barrets de palla i amb una única botiga d'electrodomèstics, a Belldoc no n'hi havia). Vaig anar de pressa, que fos exacta i no pesés gaire. Me la vaig amagar a la motxilla, la tindria sota el llit i així els altres no la veurien. Quan vaig arribar a Belldoc, a quarts de nou del vespre, no vaig anar directe al mas per si de casualitat la veia tornant del llac o asseguda al bar amb la Lena. Vaig fer dues, tres voltes. No podia ser a gaires llocs. Vaig anar i tornar fins al llac, vaig passar per la piscina, pel bar, pel carrer de les quatre botiguetes, pel forn, dues vegades pel carrer de casa el seu avi i per casa la Lena. Era allà. Vaig aparcar el cotxe al davant. La casa i el pati quedaven a la vista i tenien les persianes apujades. Les vaig veure a través d'una finestra, petites. Veia una part de la cuina bastant tapada per una taula. La Gabriela d'esquena. Se sentia el soroll de l'oli fregint i una espàtula picant a la paella. Duia els cabells embolicats amb paper de plata, la Lena els hi devia haver tenyit. Uns pantalons curts i la part de dalt del biquini. Vaig intuir que la Lena seia a la taula, només li veia les cames, estirades a la cadira del davant i el fum que venia de la seva banda. Hi havia una bossa de Cheetos i unes llaunes de cervesa. Sonava Bizarrap, l'escoltava tot el dia. Els peus de la Lena van desaparèixer. S'havia aixecat. Llavors la vaig veure darrere la Gabriela, va ballar una mica amb ella i li va portar un paquet de frànkfurts, la Gabi estava concentrada als fogons, remenava. M'arribava l'olor de ceba fins a dins del cotxe. La Lena la va abraçar, li vaig veure un cantó de la cara amb els ulls tancats contra l'esquena de la

Gabi, un segon, molt curt. Després va tornar a desaparèixer. La Gabriela es va girar, es va menjar un grapat de Cheetos amb tota la mà i va fer un glop de cervesa. Entraven i sortien del quadre com a les escenes d'una pel·lícula indie que havia de veure amb ella. Alienes a tot, xuclant-te, caminant amunt i avall, apagant les cigarretes. Què devia explicar de mi? Em va agradar mirar-me-les sense que em veiessin, dins la cuina de dins una casa, convençudes que el que feien no ho observava ningú. Gabiiiii, vaig dir fluix, per a mi. Gabiiiiiiii. El so s'escampa lent per l'aire i es dissipa. Potser es giraria i vindria corrent. Imaginava com repicarien les seves xancletes mentre se m'acostava de pressa. Les seves cuixes. Van portar els plats al menjador, van apagar el llum de la cuina i es van convertir en no res, en un quadradet negre. Em vaig pesar només arribar a casa: seixanta-set quilos amb cent grams. Tot estava bé.

23 I 24 DE JULIOL

La ressaca tenia la forma corba d'una inflor a l'estómac, l'ull esquerre amb una mena de tel que em feia veure-hi borrós. I una tristesa com un trau. Eren vint-i-quatre hores de sentir-me brut i patètic. El pitjor era que a la nit no trobava que anés gaire begut. Gintònics, cerveses, se m'inflava la panxa, calculava calories, però no aconseguia aquell estat mental meravellós dels beguts que és una vaselina per interactuar amb tothom. Per això me'n cansava. La nit abans havia marxat quan ella m'havia cridat que fotés el camp a dormir.

A la matinada se sentien sorolls als carrers, una mica allunyats del mas, i se m'havien filtrat en un somni estrany: que follàvem al mig del concert, ella anava begudíssima i tothom ens mirava. Després arribava el seu avi, que era un exguàrdia civil, i em deia que em detindria i em torturaria a la caserna de Belldoc. Al somni jo sabia que a Belldoc no hi havia caserna, per això pensava que potser només ho havia dit per espantar-me i que em salvaria. Quan em vaig despertar vaig pensar una estona en el senyor Maurici. Tenia al cap les taques rugoses que tenen tots els iaios calbs i que també tenia el meu, que no se les va voler cremar mai (abans, és clar, es va assegurar que no fossin cancerígenes) tot i ser el dermatòleg que començava una breu nissaga de dermatòlegs a la família. Era un senyor que parlava amb tecnicismes i que va morir quan jo tenia vuit anys, el recordo sobretot per les fotografies, més que per la poca relació que hi vaig arribar a tenir. Però sé que les taques de la calba em feien angúnia i que per casa moltes vegades anava amb la bata de metge, com a punt d'esventrar-te amb un bisturí. El meu avi per part de mare va morir abans que jo nasqués, i les dues àvies, primes i raquítiques, amb la cara llarga i la permanent crespada, s'assemblaven tant que dins el meu cap no hi cabia la idea que no fossin família de sang, sinó que era jo que les unia totes dues amb la meva. Parlaven poc i menjaven poc i tot ho feien poc, com si visquessin un quart del que podien viure. Em semblaven avorrides perquè no tenien conversa. Però penso que també hi tenia alguna cosa a veure la meva predisposició i que mai els vaig fer cap pregunta que valgués la pena. Després, quan ja s'havien mort tots, vaig descobrir que em feia feliç passar l'estona amb vells. Solia aparcar la bicicleta davant d'una residència d'avis, a l'edifici del costat de les oficines de

Sonema. Les residències geriàtriques tenen aquesta curiositat: perquè ells puguin veure la vida que passa, quan tu passes els has de veure tremolant, mirant enlloc, amb aquell ritme lent que deu ser el de la mort que s'ensuma només entrar. L'Oriol ja havia detectat la residència quan estàvem mirant oficines i va anar-hi per preguntar com ens ho podíem fer per muntar alguna cosa junts. Era complicat, aquella gent no podien sortir d'allà i sobretot necessitaven companyia, algun estímul perquè les hores no se'ls fessin tan carregoses i també braços per empènyer les cadires fora de la residència. Ell hi anava una tarda a la setmana i jo quan podia. Després va proposar els divendres de música i en fèiem un parell al mes, va ser de les coses més boniques que vam fer junts. Sobretot perquè, més que conversa, que no en podien tenir gaire, la música els anava directa a les vísceres. Cada sessió era una descàrrega elèctrica que feia bategar un cor inert. La Núria Feliu, la Pantoja, el Nino Bravo. No sé on els duia, però sé que eren llocs on valia la pena tornar. Després, quan amb l'Oriol ens vam enfadar, vaig seguir jo, tot i que cada vegada menys.

El dissabte de festa major vaig veure el senyor Maurici demanant un Bitter Kas a la barra, al ball de tarda. Es preparava per al seu gran moment. La Gabi ja m'ho havia explicat. Treia a ballar les senyores amb una seguretat i la cara tan seriosa que t'adonaves que allò era una qüestió d'honor. Em va agradar fixar-me en els seus peus, no dubtava amb cap pas, portava la balladora, es desplaçaven per la plaça com si ho haguessin assajat durant un any. També vaig aprofitar per tornar-me-li a mirar les taques rugoses de la calba.

El que jo no volia era trobar-me la Gabriela. La seva borratxera escandalosa de la nit abans m'havia atabalat. Per això, després de veure l'actuació del senyor Maurici em vaig tancar a casa a mirar pel·lis de Billy Wilder intentant obviar que al poble era festa, i no vaig sortir de l'habitació fins que el Bernat va insistir que féssim una cervesa al pati, que deixés d'estar tan capficat. Només hi érem ell i jo. El Pere i el Roc havien marxat a la tarda perquè a Girona tocava un grup indie de Mallorca i l'ambient depriment de la festa major de poble ja l'havien vist el dia abans. Allà es trobarien amb la Mònica, que treballava fins a mitja tarda. Van dir que si s'animaven s'hi afegirien després, però ja es veia que no. El Bernat tenia ganes de parlar i va començar amb el tema dels fills. Que s'ho plantejava, que sempre havia dit que no però que ara dubtava. Va dir que veia l'Oriol amb els seus i li feia una mica d'enveja. A vegades venien a Sonema. Eren la típica família que porta els nens amb roba bonica de marques de cotó orgànic. L'Oriol sempre havia tingut molt clar que volia una família. Tenia de referent la seva germana, bastant més gran, que tenia tres fills. Havia sigut un tiet entregat, s'havia endut els nebots a festivals de música electrònica per a nens i havia portat la gran, l'Iria, uns quants dies a Sonema a fer-hi unes gravacions per a un treball de recerca que va guanyar un premi a l'institut. L'Iria parlava amb tothom, ho preguntava tot. Era espavilada perquè era la neboda del cap i la filla gran de tres germans, però durant uns dies l'Oriol només havia estat per ella i algun treballador havia fet mala cara.

–Per cert, tio, amb l'Oriol us vau distanciar molt.

–La feina, tants anys junts. Ves, coses que passen.

No preguntava més. Al pati ens arribava la música massa forta, com si tinguéssim l'orquestra tocant a dos metres. I la barreja de totes les converses, una remor espessa de paraules cada vegada que s'acabava la cançó. A la una el Bernat em va dir que anéssim a treure el cap al concert, que feien tant de soroll que tampoc no podríem dormir. Ens vam quedar en un racó buit del lateral de la barra i pràcticament no vam interactuar amb ningú. Vaig veure la Gabriela, de lluny. Feia cara de ressaca i fumava amb la Lena al mig de la multitud. No em va veure fins a una hora i mitja més tard, quan va volar un got i va començar una baralla a cops de puny entre dos nois que devien tenir la seva edat. Eren a prop nostre i amb el Bernat ens vam afanyar a separar-los abans no es matessin. Tothom ho va gravar amb el mòbil, era una bogeria. A un li rajava sang del nas i l'altre tenia el pòmul vermell. Vaig intentar calmar el del nas i me'l vaig emportar un tros de carrer avall, lluny de la festa. Li vaig preguntar coses, vaig fer-hi una mica de broma i es va calmar de seguida. S'havien discutit per una noia que feia hores que no era a la festa. Si era el que semblava, allò la fotria calentíssima. La Gabriela ja m'havia vist, em mirava des de la plaça. Anava beguda (semblava que menys que el dia abans, per sort) però era translúcida, li veia les ganes de saltar-me al coll i beure's la meva ànima a morrejades. Vaig pensar en la Sara i en l'Oriol.

A la matinada em va escriure i no li vaig contestar el missatge. El Bernat, com a recompensa per la bona obra de la nit i que allò no acabés en una matança que obrís el telenotícies de l'endemà, va comprar xurros. Ja començava a ser de dia i se'ls va menjar al pati amb ulleres de sol. Me'n vaig anar al llit convençut que podria oblidar-me de les cuixes de la Gabriela. Que ho havia de fer. Però llavors em va arribar un altre missatge seu, un àudio mentre es masturbava.

21 I 22 DE JULIOL

Ser molt jove també vol dir no tenir ni idea que acabaràs avorrint les coses que en aquell moment t'entusiasmaven com un boig. La Gabriela m'escrivia sobre la festa major i em desarmava. Dic que em desarmava perquè em produïa molta tendresa. I enveja diria que també. Ella no ho entendria fins molt més endavant. Em va explicar fil per randa tots els actes, els quatre dies, l'ambient dels concerts de divendres i dissabte. Jo recordava com era a la seva edat. I no parava d'envejar la gent com ella.

Sé que aquells dies la movia l'únic objectiu de trobar-me. Que ens confonguéssim entre la gent del poble i parléssim i ens miréssim sabent que hi havia un desig mig secret, mig obscè. M'ho deia la seva cara, cridant, amb la insolència de qui sap que ha guanyat abans de descalçar-se. Dijous, jazz i ambient tranquil. Em va escriure la seva posició exacta a la plaça de seguida que em va veure. Gira't i mira'm. I no paris de mirar-me, em deia, en el fons.

No vam parlar i ni tan sols m'hi vaig apropar. M'havia enviat àudios del so entrant a l'aigua del llac. La podia imaginar submergint les clavícules i nedant fins que ja no la veia. També m'enviava la seva respiració mentre dormia, amb els cabells encara molls i els ulls vermells de l'aigua, imaginava jo. Era la respiració que després dormiria al meu costat, refiada que no hi hagués res al món capaç de fer-li mal.

La vaig tornar a veure divendres. Els quatre del mas vam fer tard al concert perquè els altres deien que hi trobaríem tota la canalla i els feia mandra. La Mònica no hi era. El Roc sabia fer bons gintònics i li agradava preparar-ne per a tots. Ho feia orgullós: hi posava molt de gel i espècies, i al final fregava una llimona per la boca de vidre. A mi no m'agrada el gust que el gintònic et deixa a la llengua, però me'ls bevia igualment perquè era el que tocava fer. Vaig fer una foto de la copa i la vaig enviar a la Sara. Els meus amics parlaven de sexe. Deien que ja no podien fotre dos polvos seguits amb poca estona de diferència i que això no els ho havia explicat ningú. Que encara no havien tingut problemes per trempar, però que ja no era com als vint, que et toquen un braç i se't fot com una barra de ferro. «Com a mínim tinc pau interior perquè he deixat de tenir ganes de follar tota l'estona amb tothom», deia el Pere. El Roc va dir que buscant el fill amb la Mònica no paraven, que no l'havia vist mai d'aquella manera. Després van començar a degenerar i a queixar-se que els ous els penjaven cada dia més. «Amb la pell que em sobra em puc fer un portamonedes, nens.» El Bernat va dir que aniria fent marques del descens a la paret, com quan li mesuraven l'alçada de petit. Jo me'ls escoltava però no deia gaire cosa perquè em feia vergonya. Vaig dubtar de si sortir o ficar-me al llit sense passar pel concert. Les aglomeracions m'ofeguen. Però, la veritat, volia trobar-me-la. Vam caminar lents cap a la plaça, una mica com evitant d'arribar-hi. Ells fumaven, s'havien comprat un paquet de tabac i el compartien. Quan els vaig conèixer fumaven tots. Llavors només quan sortien de festa. Jo no havia fumat mai.

La vaig localitzar de seguida. Era impossible no veure-la. Ballava com si la plaça sencera hagués de donar-li les gràcies per veure-la moure's. O ni tan sols això, com si haguéssim de demanar-li permís per ser allà, a prop seu.

És clar que em va veure.

Feia hores que m'esperava.

I es va acostar a la Lena i li va menjar el coll, li va ficar una cama entre les seves. De fons sonaven Los Rodríguez. El Bernat la va reconèixer i em va preguntar si era la noia que m'havia escrit per Instagram. Li vaig dir que sí i em va aguantar la mirada, vaig entendre que era la seva manera d'advertir-me. Després va dir que érem uns desgraciats, que érem els més vells de la festa. El Roc li va dir que no i, dissimulant i rient, va assenyalar amb el cap, just darrere nostre, una colla de senyors d'uns cinquanta o seixanta anys que s'havien mudat i havien anat al concert de gent jove a fer una copa i veure l'ambient. Feien tots cara de ser el peixater del poble i de sortir per festa major amb la mateixa camisa, la mateixa cara i el mateix estat d'ànim des de feia vint o trenta anys. Els meus amics eren uns imbècils, a vegades. El Pere llavors va començar a fer broma de les mules i les dones del poble, i de Napoleó dient-li a Josefina que no es dutxés, però jo vaig deixar d'escoltar perquè va aparèixer ella. «Que tens foc?»

Ja li havia dit que no fumava. Me la vaig mirar bé perquè era de les primeres vegades que la tenia tan a prop. Duia tres collarets molt enganxats al coll, rímel a les pestanyes i una samarreta oberta a l'esquena perquè se li veiés el tatuatge del peix. Tota aquella determinació del dia abans al jazz, de prop, era la fragilitat d'un cos que titubeja, que s'acosta massa per parlar. Tenia als ulls el punt brillant de l'entremaliadura vençuda per l'alcohol. Guapíssima, és clar. Però parlava i em feia venir vergonya. Gabi, amb els cubates no tenies control. Insistia que anés a ballar amb ella, que anés al davant, que allò era la zona dels vells. Se m'apropava per fer-me ballar. Li vaig preguntar per la Lena, pel seu avi, per la feina. Intentava mantenir una conversa normal. Potser fins i tot exagerar la formalitat per obligar-la a rebaixar l'eufòria. Els meus amics ens miraven sense entendre gaire la confiança, i perquè interactuar amb algú que va més begut que tu i que no se n'adona (perquè no se n'adonen mai) és incòmode. Al final va deixar d'insistir i va tornar al davant de l'escenari amb els seus amics que ballaven tancant els ulls.

Nosaltres vam deixar passar l'estona. Miràvem la gent, fèiem algun comentari. Anàvem a buscar una copa a la barra. Jo estava incòmode. No sé per què ho vaig fer, però vaig anar a dir-li que me n'anava. Marxava sol, els meus amics es quedaven. M'havia cansat de la festa al cap de deu minuts de posar-hi els peus. Em cansava la gent, tenia la panxa inflada dels gintònics i de les cerveses mig calentes de la plaça. L'endemà ho hauria de compensar. Hi havia poc espai, soroll, havia de forçar la conversa i no m'agrada ballar. Em va dir que m'acompanyava i així es feia un porro. Només li faltava fumar-se'l sencer ella sola per haver-la d'arrossegar fins a casa del seu avi. S'enganxava amb les paraules i parlava massa fort. Caminava topant a cada moment amb la meva espatlla, els braços es tocaven. Si se n'hagués adonat, si hagués anat serena, hauria aprofitat aquest contacte perquè era la primera vegada que les pells es trobaven. Pots comptar com va anar tot, dins del seu cap. Era una nena borratxa impertinent i insuportable que intentava fer-se la interessant i que va haver de parar a pixar al mig del carrer.

També és veritat que en la vulgaritat de la borratxera tenia moments lúcids, com quan em va dir que aquell final de la nit al concert seria com una pel·li de Fellini.

Quan va acabar de pixar va venir directa a la meva boca.

La vaig apartar, tenia els ulls tancats i el rímel corregut. No era només que jo em volgués convèncer que no hi podia haver res, era el seu estat i on em col·locava. Com que li vaig dir que no, em va cridar que me n'anés, que marxés a casa.

No sé si va tornar a la festa o si es va adormir en aquella vorera. Després hi pensava i m'emprenyava. Sabia que era una sensació que no duraria gaire. També pensava que aquella borratxera era una mica per causa meva. I, a la vegada que m'enfadava, hauria volgut cuidar-la, assegurar-me que s'adormia tranquil·la, acaronar-li els cabells, veure com es despertava contenta i que parlava normal. Quan vaig aconseguir adormir-me vaig somiar allò del senyor Maurici fent de guàrdia civil. Em va despertar el soroll dels meus amics, que van arribar al mas i es van estar una hora a la cuina. Sentia soroll de plats i calaixos. La Gabriela no estava acostumada que li diguessin que no.

Quin és el límit entre mentir i amagar? Jo no mentia gaire. Jo no donava tota la informació, jo amagava les coses. La gent acceptava que fos reservat amb la meva vida i això em salvava d'haver d'inventar-me versions del que feia. Amb la Mònica era fàcil, li explicava el que volia, fins on volia. El que no portava bé eren les preguntes frontals, les acusacions directes. Com l'Oriol, amb les celles arrugades. «És veritat, això, Quim?» Llavors no pots mentir. No pots dir «No, no, és totalment fals». Només pots dir que no és ben bé d'aquella manera i donar detalls que ho rebaixin, dir que va ser una bestiesa que no es repetirà, un error, que no va ser res.

Pràcticament tot el que li havia dit a la Gabi era veritat. Havia exagerat o manipulat algun aspecte, com fa tothom, però res de transcendental. No l'havia enganyat amb l'edat, com havia fet ella quan ni tan sols l'hi havia preguntat.

–Comparteixo pis a Gràcia.

I l'emoticona de la cara traient la llengua.

–Estudies?

–Sí, he acabat segon de (i dues emoticones d'una càmera de cinema).

–Oh!

–Estudio Cinema. M'agrada molt, però hi ha alguna assignatura una mica pal... I tu què fas quan no estàs de vacances al llac del poble del meu avi?

Després em va parlar dels seus pares i de com de bé estava sense ells, i em va dir que havia corregut molt a treure's el carnet de conduir un cop va ser major d'edat per poder fer la seva.

–Fa dos anys que el tinc.

Ni tan sols va dir «Tinc vint anys», va deixar que jo fes els càlculs. Però és evident que ho tenia mínimament pensat, perquè era una informació que en poca estona va donar dues vegades. Aquí vas ser poc subtil, Gabi.

Tenia la sensació, des que havia començat la conversa pel mòbil uns dies abans, que ella era sempre allà, a punt per parlar amb mi. Qualsevol cosa que digués, qualsevol emoticona, monosíl·lab o missatge que s'enviés per error perquè duia el mòbil a la butxaca dels pantalons i no me n'havia adonat, seria contestat a l'acte, amb una predisposició total a la conversa, a preguntar i repreguntar sobre la meva vida o la meva feina, a comentar el temps, l'ambient a la carnisseria del poble o la mosca que acabava de passar pel menjador. Sempre ella. I de tant en tant, algun missatge curt de la Sara: «Com estàs? Explica'm coses», una foto d'esquena asseguda a la platja (molt maca, molt preparada), un gif, un primer pla d'un gelat.

Intentava imaginar què haurien pensat, l'una de l'altra. De la manera com era la Gabriela, amb un parell de copes encara li hauria saltat al coll. La Sara era més com jo, més silenciosa. Devia pensar moltes coses, però la majoria de vegades en deia poques i no podies estar mai segur que el que deia era ben bé el que volia dir. Havies de temptejar el terreny i veure com reaccionava, aproximar-t'hi suau amb un dit i veure què se li dibuixava a la cara. La Gabriela devia ser el contrari, segur que t'agafava les mans i les feia anar allà on volia. Això em va portar a imaginar-me-les enrotllant-se. La Gabriela sobre la Sara, amb el tatuatge, que només havia vist en una foto, lluent de suor. La Sara deixant-se fer, amb la boca una mica oberta i la cadena amb el cor tremolant-li al clotet del coll. La Gabi canviant de posició i fent-la anar com volia. Me les imaginava al llit del meu pis. I després al sofà del mas.

Mentiria si digués que no vaig ser prudent, al principi. Ho vaig ser molt. També és veritat que em cansava analitzar-me. Era un soroll constant, hauria necessitat un botó per parar algun cony de moment i descansar. I ara què faràs amb aquesta noia tan jove? Ho has de frenar tu. No et poden agradar les noies tan joves... I entremig, la pell de la

Sara i la de la Gabi, que ja no sabia diferenciar. La meva manera de ser prudent era no deixar-me anar. I era la Gabriela que començava les converses, les començava, les començava, les començava, les començava. Fins i tot quan jo no hi volia parlar. Amb la puntuació perfecta, mai ni una falta d'ortografia. I jo sempre hi queia. Som amics. Volia preguntar-li coses, no passa res, només parlem. Parlar podem, oi? Algú tan jove que t'explica què signifiquen les geishes en el cinema de Mizoguchi és algú madur, pensava. És diferent, aquesta noia. Ella no era prudent. La prudència, per a la Gabriela, era covardia. I la covardia era sempre una manera de perdre.

Després no rellegia el xat perquè tenia vergonya de mi mateix. Em parlava del pudor del sexe en la societat japonesa i de tots aquells còmics degenerats. A vegades semblava que parlés de mi. Quan va saber què fèiem a Sonema va començar a enviar-me àudios de la seva vida. Sentia com li cruixien les galetes a la boca, el raig de quan pixava, el paper trencant-se per la marca dels puntets, la seva boca expirant el fum del tabac a les tres de la matinada abocada a la finestra de casa el seu avi. Després, quan ens trobàvem, m'ofegava de pensar que algú veuria el que amagàvem i feia veure que no la coneixia de res. No m'atrevia ni a saludar-la. Però ens avisàvem d'on aniríem i a quines hores. I jugàvem al joc de dibuixar línies pel poble fins que ens creuàvem i se'ns escapava el riure d'un tros lluny: al llac, a la pastisseria, al bar. Que em passés pel costat i veure-li de prop la cara. Sentir-ne l'olor, potser.

No la vaig enganyar mai, ni amb la feina, ni amb els amics, ni amb la vida que portava. Tot era molt gris. No vam parlar d'altres relacions que havíem tingut ni de si era la primera vegada que creuàvem una barrera de tants anys quan ens fixàvem en algú. És cert, però, que si hagués hagut de mentir-li li hauria mentit.

PRINCIPIS DE JULIOL

Havia vist plorar la meva mare. Moltes vegades. Al final es va convertir en una escena tan habitual que ja no em feia efecte, ni tan sols compassió. Era un plor superficial, pensava a vegades, perquè no sanglotava, no naixia d'un dolor perceptible. Era un somiqueig, un lament constant i petit, semblava que plorés perquè tenia mandra de fer el que havia de fer. I llavors es treia el mocadoret de la màniga. No vaig veure mai el meu pare plorar. Ni cap avi. Havia vist plorar el Bernat, quan érem a la universitat i l'insultaven per maricon. També havia vist plorar l'Oriol, de ràbia, d'incredulitat pel que li vaig reconèixer. I l'Eli, quan va saber que la seva parella l'havia enganyat durant mesos quan el seu fill era un nadó. Però no he vist plorar ningú com vaig veure plorar la Gabriela.

Hi havia cops que em preguntava què hauria dit la meva mare d'ella. En aquell moment la Neus era una dona malalta, que havia anat perdent, resistint-s'hi tant com havia pogut, els valors més fonamentals de la seva persona: la bellesa, l'elegància, la classe. La cara sempre radiant, els llavis amb una capa de rosa brillant i el pentinat impecable sobre les espatlles s'havien convertit en unes faccions xuclades, una boca seca i uns cabells esmorteïts, gairebé transparents. Sempre duia alguna taca de menjar a la roba i les costures de les camises i de les faldilles no acabaven de quedar mai a la part exacta del cos on tocava. Quan l'anava a veure a la residència a vegades plorava de la mateixa manera que l'havia vist plorar des que havia mort el pare. Era com si en algun moment hagués decidit que res no la consolaria del tot. Sempre va ser hermètica i altiva. I a mi m'havia fet vergonya que fos tan guapa. Era la vergonya d'imaginar el que ella podia pensar de tenir un fill llefiscós. Crec que mai havia volgut tenir fills i que vaig ser més una obligació social perquè ningú pogués arribar a pensar que allò era una disfunció i no una cosa que havien decidit. Quan en una ocasió els havia preguntat per què no havien tingut un altre fill, tots dos es van quedar en silenci. La veritat és que jo mai havia volgut tenir germans. Ni de conya. El sol fet de pensar que hauria de compartir la vida amb un altre nen em feia pànic. Per a mi, conviure amb altres nens volia dir aguantar les seves putades.

Ara la Neus feia l'olor de les cremes hidratants que posaven a tots els interns, dels medicaments i del suavitzant de la roba que feien servir al centre. Era una olor dolça i incerta. No hauria imaginat mai que la veuria vençuda d'aquella manera. Ella, que em descordava el botó del polo amb dos dits d'ungles pintades per fer-me passar l'ansietat. «Pensa en el cel quan comença el dia, en una cascada, en un ocell travessant l'aire.» Ella, que semblava de portada de revista, una mare que no abraçava gaire, que feia les mostres mínimes d'afecte, com si fossin un esforç. Existir suportant aquell rostre i aquella sofisticació devia ser una feinada esgotadora. No era una dona gran, tenia setanta-un anys, i, tot i la malaltia, si l'havies conegut abans podies percebre que guardava, molt al fons de tot aquell dolor que havia fet estralls en el seu cos, una reminiscència (el gest als dits i la manera de parlar) de tot el que havia sigut.

El dia que havia arribat a Belldoc li vaig enviar una foto d'una fideuà que havíem fet. Era molt poc efusiva, i a vegades jo confonia la seva sequedat amb rancor. Però la tenia present i li enviava fotos del cel amb els núvols estarrufats, del gos del Bernat, del llac. Pensava que en el fons devia estar contenta de rebre-les. Si no li feia cas i li passava alguna cosa, me'n sentiria responsable. Igual que quan, poc després que morís el pare, va fer instal·lar un llum al passadís que s'apagava automàticament al cap d'uns segons. Ho va fer perquè sempre ens el deixàvem encès i perquè sabíem que era de les darreres coses que havia dit el pare. Aleshores vaig començar amb la paranoia de pensar que, si pel que fos s'apagava el llum quan era a mig passadís, em passaria alguna cosa dolenta. Alguns cops, quan me'l trobava encès i no podia saber si feia poc o molt que ella l'havia premut, pensava, «Si arribo a l'habitació abans que s'apagui... no suspendré l'examen», «La Manuela em dirà que sí que vol fer un cafè», «Els resultats mèdics de la mamà no seran dolents». No tenia cap sentit. «L'Oriol no em dirà que deixa l'empresa.» Ho vaig continuar fent fins i tot quan ja no vivia allà, cada vegada que hi anava. Després vaig veure que ho podia fer a qualsevol lloc, també al mas: «Si arribo a la cuina i ja ha acabat l'anunci de la tele... la Gabriela no m'escriurà més». Però sempre m'escrivia. Aquells dies em va dir que havien anat no sé quantes grues a treure el tractor del fons del llac.

Ens va costar poc sentir-nos còmodes al mas. Al cap de dos dies ja hi havia objectes d'uns i altres als espais comuns, carregadors, xancletes, les tovalloles a les cadires del pati. Una mica massa, per mi, i això m'inquietava. Compartir espais tantes hores amb ells, que la intimitat fos l'habitació, que els sentís roncar, anar al lavabo. No poder-me-la pelar tranquil perquè de tant en tant algú trucava a la porta i et demanava els auriculars. El Bernat va proposar fer cada nit dels dos mesos que hi seríem una sessió de cine que va acabar al cap d'una una setmana i mitja. El Pere deia que volia oblidar completament els seus alumnes i que quan arribés el setembre no en recordés ni els noms. Per això als vespres treia cerveses i fèiem xupitos al pati (i per això vam començar a fallar amb les pel·lícules). A mi em semblava que tot era plàcid, però la calma sostinguda en el temps em feia estar sempre alerta perquè sabia que es pot esmicolar en qualsevol moment. Recordava la calma d'abans dels daltabaixos, el de la detecció de la malaltia de la mare nou anys després que morís el pare. O quan un matí, feia sis anys, l'Oriol havia vingut molt nerviós i pràcticament sense mirar-me m'havia dit que havíem de parlar i que anéssim a fer un volt. M'ho va preguntar directament. L'Iria. Vaig veure com li pujava la ràbia pel coll, fins a les pupil·les. Em va dir que era un fill de puta, un depravat de merda. Que sa germana em mataria. Em vaig ofegar. Sentia la seva veu distorsionada i sense sincronitzar amb el moviment de la boca. Volia tancar els ulls per no veure'l i posar-me els auriculars per no haver-lo de sentir. La vergonya m'obria en canal. Vaig començar amb els detalls que creia que ens podrien calmar a tots dos, que vam coincidir en una discoteca, que jo havia begut, que va ser un petó, només un petó mentre érem a la discoteca...

No vaig mentir-li tant. Vaig parlar amb la seva germana. Pensava que era un desgraciat. Es va trencar tot amb l'Oriol. Vaig estar un mes de baixa i després només hi va haver incomoditat. Però no va explicar res a ningú de Sonema, no ho va saber ni el Bernat. Ell va saber altres històries i ningú no ho va saber mai tot, però és que ningú no ho sap mai tot de ningú. Vam continuar treballant junts, acostumant-nos-hi per força, jo a aquella distància quilomètrica, a cedir perquè ell prengués les decisions i jo no hagués d'intervenir, ni tan sols acostar-m'hi, i ell a veure'm cada dia, encara que quan passava pel seu costat ell sempre mirava a terra.

FINALS DE JUNY

Hi ha un moment, quan obres els ulls i has passat la nit en un llit nou, que el cap no relaciona el que veu amb una imatge coneguda. Durant uns segons, quan passa això, no tens ni idea d'on ets. Has descansat i estàs tranquil, però no pots ubicar el quadre de la paret ni la calaixera que veus davant del llit. Em vaig despertar així, el primer matí al Mas Brufó. Sentia les campanes. Lentitud. Cap moviment a la casa, ningú al pis de dalt perquè no hi havia pis de dalt. No em van molestar la rugositat dels llençols ni l'olor de la coixinera. Però vaig necessitar uns segons per saber on era. Després ja va estar. Després el cervell ja recorda. Vaig baixar el primer i vaig posar la cafetera. M'agradava estar sol al matí i veure la casa paralitzada. Controlar la geografia d'aquelles parets i sentir-los arribar, silenciosos. Tots quatre teníem un despertar lent que no admetia converses que anessin més enllà d'allò estrictament funcional. Hi havia un munt de plats de la fideuà del dia abans nets per col·locar als armaris. M'hi vaig posar i els vaig dir que l'endemà els portaria croissants del forn. El Pere era el que estava més animat a aquelles hores, va prendre el monopoli de la conversa i va arrossegar els altres. El gos ens buscava perquè li donéssim menjar. Aquell primer matí tot era tan tranquil que vaig pensar que seria un bon dia. I que si aquell primer dia anava bé, també hi anirien els següents i serien unes bones setmanes.

Però quan vaig encendre el mòbil tenia més de vint missatges de la Sara. Estava dolguda perquè no li deia res. Em molestava el seu excés, aquella desesperació. No havia tingut temps de dir-li res. I ella sempre havia estat ponderada, lluny dels histrionismes. Va ser per això que em vaig endur el gos i vam anar fins al llac. En espais tancats i amb gent l'ansietat creixia i se'm descontrolava. El Mos sortia amb qui el treia, es menjava qualsevol cosa que li donessis, fins i tot magdalenes amb el paper i l'embolcall de cel·lofana. El que tenia de gros ho tenia de bo. O de tòtil. Vaig agafar una de les bicicletes del mas i vaig seguir el camí del llac que m'havia indicat el propietari, però com que el matí se m'havia començat a girar quan havia vist els missatges (és a dir, només baixar al menjador), la cadena de la bici es va partir per la meitat i vaig arribar al llac caminant i agafant-la pel manillar com un imbècil i amb les mans negres de remenar-la.

No m'hi vaig fixar. Estava capficat perquè no sabia què contestar a la Sara. Vaig veure gent jaient al sol. Em vaig banyar, vaig nedar per deixar el cap en blanc sota l'aigua. No vaig veure com s'acostava. Me la vaig trobar davant. Duia els cabells molls i tenia els porus de la pell erectes, irisats per l'airet de les deu del matí i la frescor de l'aigua.

–Saps que t'has banyat amb un tractor per aquí colgat?

No vaig poder processar la frase.

–Va ser a principis del segle XX, un accident mentre intentaven fer el llac més gran. Està colgat per la terra sota aquesta aigua que veus així tan serena. És fort, oi? No ho sembla.

Li hauria fet preguntes, sobretot si a aquella època ja hi havia tractors. Però tanta determinació m'incomodava. El gos que entrava i sortia, la cadena de la bici. I ella amb aquell poder de diva i de salvatge.

–Que és la primera vegada que vens a Belldoc?

–Sí, hem llogat el Mas Brufó amb uns amics.

Em sentia regalimar la suor als pèls de les aixelles i avall cap a les costelles. Duia les mans plenes de greix negre i me les fregava per fer alguna cosa. Per no mirar-me-la, sobretot. Perquè no em xuclés i m'esclafés contra les roques del llac. Vaig semblar un estúpid o algú amb problemes greus per relacionar-se.

–El poble és guai, però potser us avorriu una mica.

Quan tornava al mas em va enganxar una tempesta. Jo anava a peu amb la bici trencada i el gos que no entenia res. Me'ls vaig trobar amb la tele encesa però sense so, perquè deien que així sentien la pluja. Van fer una mica de broma, que a veure si el propietari em faria pagar-li una bici nova. Vaig rondar per casa tot el dia sense saber què fer. El mal temps se'm posava al cap. Vam dinar amb un vi que el Roc va portar de la cooperativa i llavors va començar un formigueig de dolor al crani, sobre l'ull esquerre. Quan no tens res per fer dones tantes voltes a un pensament que al final tot et sembla buit. No havia contestat a la Sara, i era com tenir una olla al foc esperant que fes el que tocava. Digue-li alguna cosa i tanca-ho. Ara ets lluny i serà més fàcil. Veia els meus pensaments en forma de moviment ondulatori, com el so, i em feien estar incòmode amb tothom i a tot arreu. «Estàs bé, nen?», el Bernat. Li deia que tenia migranya i ell ja sabia què volia dir.

No m'esperava gens que aquella tarda la Gabriela em busqués per Instagram ni que l'endemà comencés una conversa. Em vaig preguntar moltes vegades per què ho havia fet. Buscar-me a mi, que era l'únic que li faria mal. Podia haver escrit al Bernat o al Pere. A qualsevol estiuejant de Belldoc. Per què a mi, Gabriela? Esmolaves el punyal per remenar-te les entranyes. Em va preguntar si encara duia les mans negres de greix. Vaig contestar amable però vaig decidir, al mateix moment que m'ho proposava i jo li deia que d'acord, que no aniria a la biblioteca on treballava els matins i que evitaria el llac a l'hora que l'hi havia trobada.

Després de parlar amb la Gabriela em va ser més fàcil gravar un àudio a la Sara. Llarg, amb veu tranquil·la. Li vaig explicar detalls estúpids d'aquelles primeres hores, que hi havia un gos, que havia agafat la bici i que se m'havia trencat com a un pringat. Que tornaria a Barcelona per feina i que ens podríem veure. No vaig fer referència al que havia passat entre nosaltres, que bàsicament era el que volia ella.

Aquells dies amb els del mas vam anar als pobles del voltant. Agafàvem el cotxe i tiràvem fins al primer que trobàvem, o el que decidíem esmorzant. Buscàvem una cala, dinàvem un menú, i després tornàvem a l'aigua i llegíem sota alguna ombra. A vegades no arribàvem a casa fins tard. Me'ls mirava, estirats a la platja. Escoltaven música, jugaven a cartes. Feien broma sobre el bar de Belldoc que cada cop que hi anaven els cobrava un preu diferent per les mitjanes. Un dia d'aquells, tornant de la platja, vam travessar un poblet on hi havia una fira. «Això és com una pel·lícula dels noranta.» Em van rebentar als autos de xoc, que sempre m'han fet una por terrible i que no vaig fer xocar ni una vegada. «Quim, és que sembla que vagis de passeig.» Només sentia, repetida al cap, la música de la cursa de camells, com una maledicció de trompetetes. Els meus amics tenien una cosa que jo admirava: la major part del temps estaven tranquils. Vull dir que els veies i només eren allà, no feia la sensació que hi hagués alguna cosa que els amoïnés i els allunyés de tothom. Jo a vegades havia de vèncer les ganes de quedar-me tancat a l'habitació. M'hi esforçava. En realitat soc una persona que s'esforça a fer el que toca. Després, quan me n'adonava, estava content de poder tenir aquella vida, d'haver llogat una casa amb ells, de no haver triat sempre estar sol per por d'acabar-m'hi quedant.

Vaig pensar que amb la Gabriela no coincidiríem més i que ella se n'oblidaria. Estic segur que jo no hauria dedicat cap esforç a trobar-la. Hauria mort allà, la conversa, amb dues rèpliques absurdes, com tantes converses, com tantes persones que s'acosten i no s'aturen o que s'aturen i de qui passem de llarg. No sé si el meu record és un deliri exculpatori. Vaig intentar desviar-me d'aquell camí, però ella venia pel mig del meu i m'obligava a parar i a mirar-me-la. Observa aquesta bellesa que mai serà tan exultant ni tan segura de tot el que pot fer caure. Vaig apartar-me, contestava poc, no li preguntava res, feia el mínim per no semblar un maleducat sense arribar a ignorar-la, però li deixava clar que no m'interessava. No m'obliguis a mirar-te. Tot el que jo m'hi resistia alimentava la Gabi per a una nova envestida.

Pocs dies després d'aquella primera conversa ens vam creuar, venia xopa del llac, caminant amb una força als malucs que semblava que pogués fer obrir l'asfalt del carrer. Jo anava amb el Bernat. No li recordava gaire el cos ni la cara. I vaig haver d'escrutar-la i relacionar-la amb la noia del xat, la del tractor, la de la barbeta, la samarreta mullada, no deixis de mirar-me perquè avui no em sentiràs la veu.

–Adeu, Gabriela!

M'havia saludat amb el cap, seca, com si l'hagués ofès fent-li tan poc cas tots aquells dies. I vaig oblidar que el Bernat no ho entendria.

–La coneixes?

M'ho va dir estranyat, quan ja no la vèiem. O preocupat.

–Vam coincidir al llac el dia que va ploure. M'ha agregat a l'Instagram i m'ha obert per privat. Res, una parida.

De seguida li vaig dir que no li havia seguit el corrent i que no malpensés. I em va dir que les nenes aquestes pujaven fortes i que semblava que hi tingués un imant. Per canviar de tema em vaig posar a parlar de la llegenda del llac, però ja no m'escoltava. Em va dir que volia passar a comprar vi de la cooperativa i que anés tirant cap a casa.

24 DE JUNY

Era inevitable, conduïa amb els ulls fixos a la carretera però amb el cervell fora del cos. Alternava la mirada entre l'asfalt de l'autopista i la boleta de Google Maps, i veia, sense fixar-m'hi, el paisatge que es movia als laterals del cotxe. Feia calor i el remordiment cobria tots els grisos i els blaus i els verds que m'envoltaven. Els meus moviments eren una pura mecanització, la mà dreta al volant i l'altra que me l'anava passant per la cara, per sobre del nas i la boca. Hi sentia el dolor lleuger dels incisius que m'havia clavat al puny, i als dits, l'olor d'ella. Havíem estat junts aquell matí, abans que jo marxés amb el cotxe.

Havia quedat amb els altres tres que arribaria primer a Belldoc i parlaria amb el propietari perquè m'ensenyés la casa i me'n donés les claus. Jo faria aquestes gestions i, a canvi, havien dit de broma (però aniria així), podria triar la millor habitació. Quan vaig aparèixer el propietari m'esperava a la porta del mas fumant un cigarret. L'havia avisat per WhatsApp de l'hora a què arribaria i només m'havia endarrerit un parell de minuts. Estic segur que feia més de mitja hora que era allà. Es deia Manel i anava amb una gorra i una camisa descolorida, tenia la pell de la cara vermella. Era alt i cepat i tenia les ungles molt mossegades. Em va ensenyar la casa, va obrir tots els armaris de plats i gots, el garatge amb les bicis, les finestres, l'aigua, si salten els ploms, les tovalloles. Tot amb molts detalls i moltes explicacions, però sense donar importància a res del que deia, emfatitzant que tot era lògic. Feia una olor forta de suor d'home, una suor que semblava acumulada de dies, no una suor fresca, i jo em passava els dits pel nas. Era curiós pensar que al cap de cinc minuts m'estiraria al sofà propietat d'aquell senyor que no sabia res de mi, ni que feia tres hores que havia estat amb la Sara i que els meus dits encara conservaven la seva olor. Que era una noia massa jove. Que havia passat la nit amb mi perquè havia enganyat els seus pares dient-los que dormia a casa d'una amiga. Que me l'havia estat mirant al llit mentre dormia, amb els cabells llisos, pesants davant de la cara. Li hauria dit: Manel, a vegades la cago. Tothom la caga, segur que tu també. Me l'escoltava en silenci. Li vaig dir que portàvem un gos però que al web deia que no hi havia problema. «Jo també tinc bèsties. Home, això sí, vigileu que no trenqui res.» No m'agradava parlar amb desconeguts.

No sabia ser espontani, no sabia ser amable i llavors semblava sec. I el Manel reia, reia de cada cosa que deia, dels seus propis comentaris, sobretot dels que volien ser bromes, per fer-se proper i simpàtic. I quan reia jo no sabia com mirar-lo ni què dir-li i volia que marxés i em deixés sol. Em va dir que les platges d'allà no tenien res a veure amb les de Barcelona. I va riure.

La nit abans havia estat a la platja de la Barceloneta. Hi vaig anar perquè sabia que hi hauria la Sara. Era la revetlla de Sant Joan i havíem fet un sopar uns quants de la feina al terrat del pis de l'Eli (el seu fill estava amb el seu pare, per sort). El Bernat també hi era, però se'n va anar de seguida perquè havia quedat amb un noi amb qui feia unes setmanes que s'enrotllava. Jo després havia anat a fer una cervesa al concert on sabia que estaria amb les seves amigues. No la buscava només a ella. En realitat no volia res concret, però evitava el moment de tornar a casa perquè el meu sopar, amb nens dormint en cotxets, havia acabat abans de la una. Si me n'anava a casa sentiria les veus de la gent pels carrers, els petards, la música. Tampoc no dormiria. No tenia cap fill en cap cotxet, podia passejar i si me la trobava parlaríem una estona. No passava res. Tothom estava de festa, de nit la gent parla i beu. Després me n'aniria a dormir. Li vaig preguntar si sabia com es deia la noia que punxava. Era una música mig psicodèlica, però la DJ duia una gorra i una trena llarga fins més avall del cul i em va cridar l'atenció.

–Ni idea. T'agrada?

Li vaig dir que sí.

–Vols fer un xupito?

Li vaig dir que no.

–Les meves amigues diuen que ets guapo.

No les havia vist mai. Sempre la veia sola a la cafeteria. Feia uns mesos que ens coneixíem, però no m'havia parlat gaire d'elles. La Sara duia una samarreta escotada i se li veien uns granets petits entremig dels omòplats.

–Després potser ens anirem a banyar, voldràs venir?

Li vaig dir que ni de conya, que el mar de nit em feia por.

El Manel em va explicar quines eren les millors cales per banyar-se i que els llacs a deu minuts en bicicleta eren la joia del poble. També em va parlar del bar, de la botigueta de menjar, la carnisseria, la fleca, algun restaurant, les carreteres (i els camins per arribar més ràpid a pobles que no coneixia o per evitar de nit algun control d'alcoholèmia) i els supermercats que hi havia més a prop. Em va dir que hi havia una biblioteca molt petita a la plaça de l'Església, però que no sabia si a l'estiu tenien obert. La biblioteca on treballaria la Gabriela, però quan ella m'ho va explicar ja no recordava que el Manel me n'havia parlat. No recordava la meitat de coses que m'havia dit.

Quan me'n vaig adonar, la Sara s'havia quedat sola a la festa. Tenia la sensació que l'estona havia passat molt de pressa. Dues se n'havien anat perquè una d'elles volia vomitar. No havien dit on ni si tornarien. Ella apareixia i desapareixia. La música psicodèlica em semblava lamentable, però era perfecta per a aquella escena d'incomunicació i merder. El millor era que la quarta noia del grup s'embolicava amb un a la platja, arrebossats de sorra de dalt a baix, ignorant tothom al seu voltant. Vaig pensar que devien fer-se mal fregant-se les pells amb els grànuls per dintre la roba, però tot i això feia enveja mirar-los. Amb la Sara ens vam allunyar de la gent perquè no ens sentíem. Vam caminar una mica i vam ficar els peus a l'aigua. Ella no explicava gaires coses. Em va dir que havien buscat MDMA i que no n'havien trobat, va donar per fet que jo tampoc en tenia. Va dir que l'havia de provar perquè sents el doble de coses a la pell.

–Em portaràs a casa meva?

Li vaig dir que sí.

El Bernat va arribar una mica abans de dinar amb tot per fer una fideuà carregat al maleter. Com que era festiu, havíem convidat amics que venien fins a l'Empordà a passar el dia amb nosaltres. Eren els millors, tan motivats. Revetlla i l'endemà conduir fins a Belldoc i cuinar per a no sé quants. Hi havia cops que semblava que el Bernat necessités estar sempre amb gent, sempre a punt per al que fes falta. Em va preguntar si la nit abans havia anat a dormir tard i li vaig dir que no, que després que ell marxés el sopar no s'havia allargat gaire.

Mentre la Sara dormia me la mirava. M'agradava sentir com respirava. No crec que hagi dormit mai a la vida amb la placidesa d'elles. Li mirava els granets, ben vermells, que li devien haver sortit feia poc, i els peus emblanquinats de la sal i la sorra. Havíem anat fins a davant de Sonema, on vivia ella. Llavors em va agafar la cara i em va dir que no volia anar a casa seva. Jo sabia què havia de fer. Has de ser tu. Has de dir que no. Digue-ho.

Al meu pis no hi va haver espai per a una treva. No hauria d'haver deixat que pugés. No li hauria d'haver dit que li gravaria el cor. Duia les ungles de color blau i una polsera del Sónar, de feia una setmana. Va dir que era la millor festa on havia estat mai i que hi havien celebrat els seus disset. Respirava fondo, no es movia gens, només el pit, que s'inflava i retrocedia. Semblava que no s'hagués de despertar mai. A mi em costava fer entrar l'aire als pulmons. Em vaig mossegar el puny fins que vaig notar el gust de sang a la llengua. Sentia el meu batec a la boca, a les temples ressonant-me per dins, pel cervell, pel llit i per les parets de la casa. Amplificat. Com un batec en un micròfon.

ÍNDEX

Primera part:
Gabriela 13

Segona part:
Quim 111